# Klaus und Uta würfeln

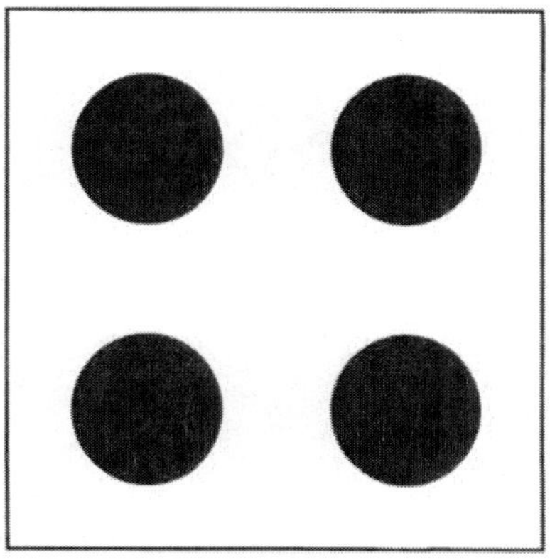

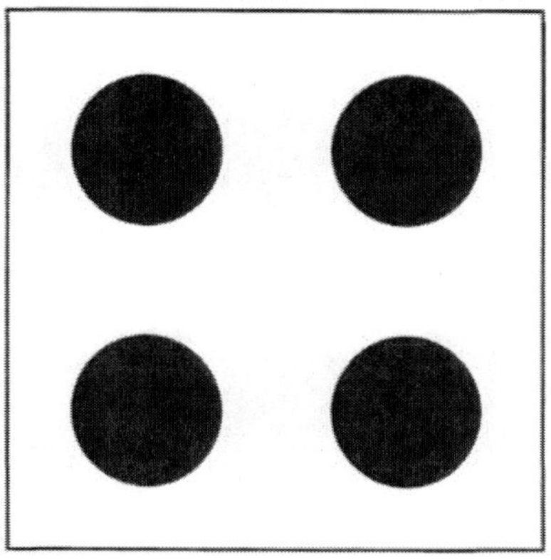

Bild beschreiben, malen.

Bd. 117. Gerhard Goldau: Einfaches Rechnen 4 – Zahlenraum bis 12
© Persen Verlag GmbH, Buxtehude

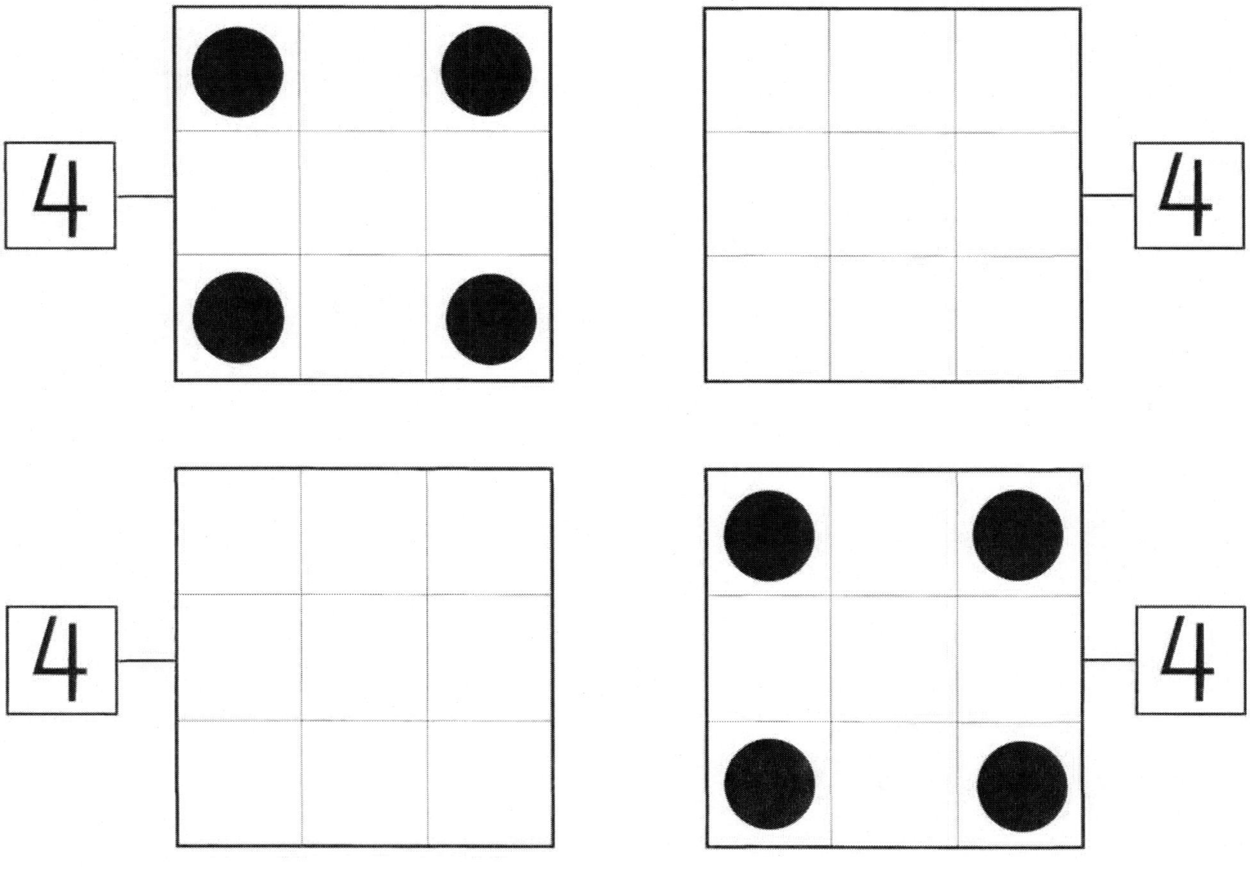


Bild beschreiben, Würfelbilder ergänzen, malen.

Bd. 117. Gerhard Goldau: Einfaches Rechnen 4 – Zahlenraum bis 12
© Persen Verlag GmbH, Buxtehude
Persen

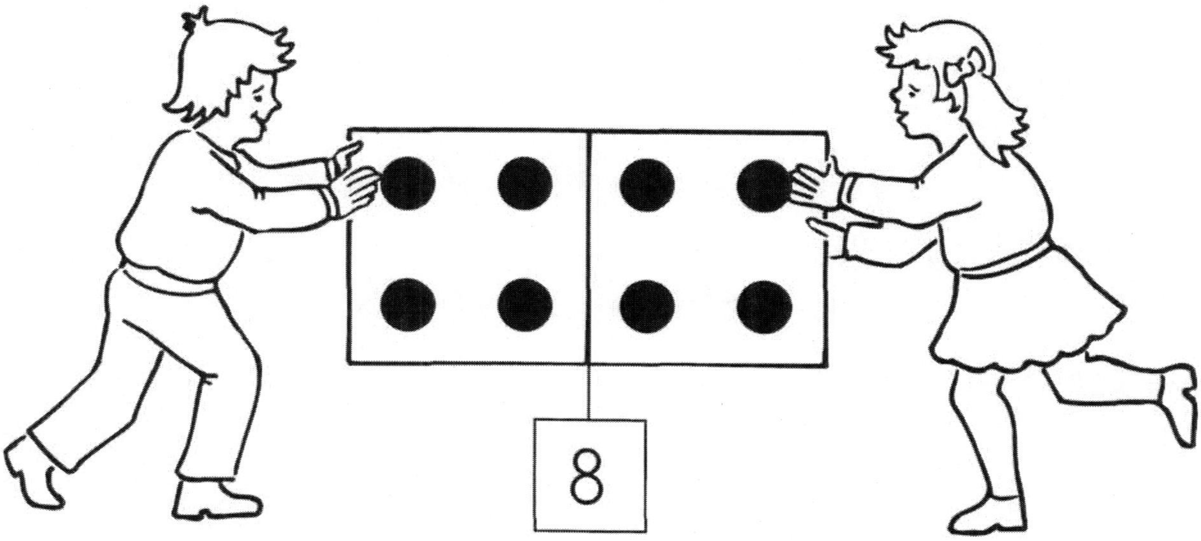


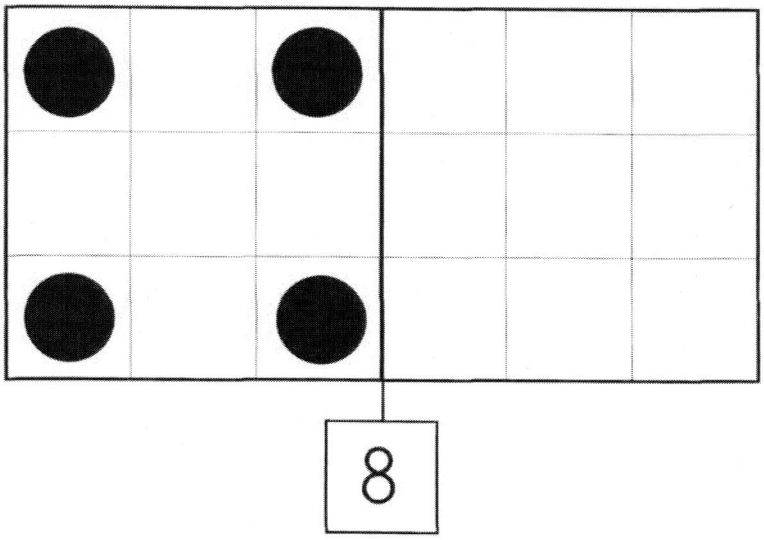


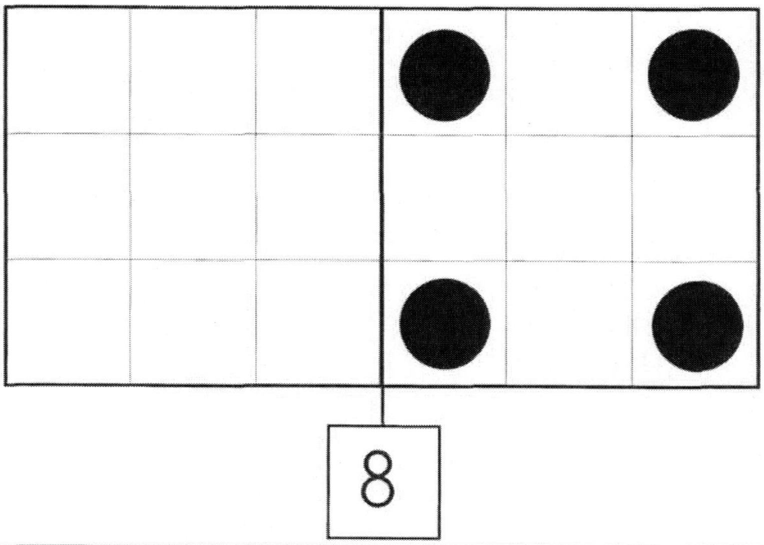


Bild beschreiben, Würfelbilder ergänzen, malen.

Bd. 117. Gerhard Goldau: Einfaches Rechnen 4 – Zahlenraum bis 12
© Persen Verlag GmbH, Buxtehude

# 4 Plättchen und 8 Plättchen

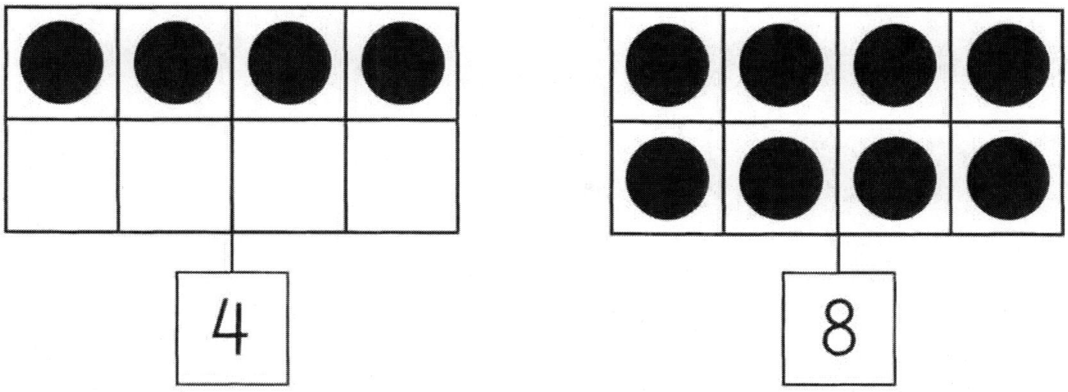


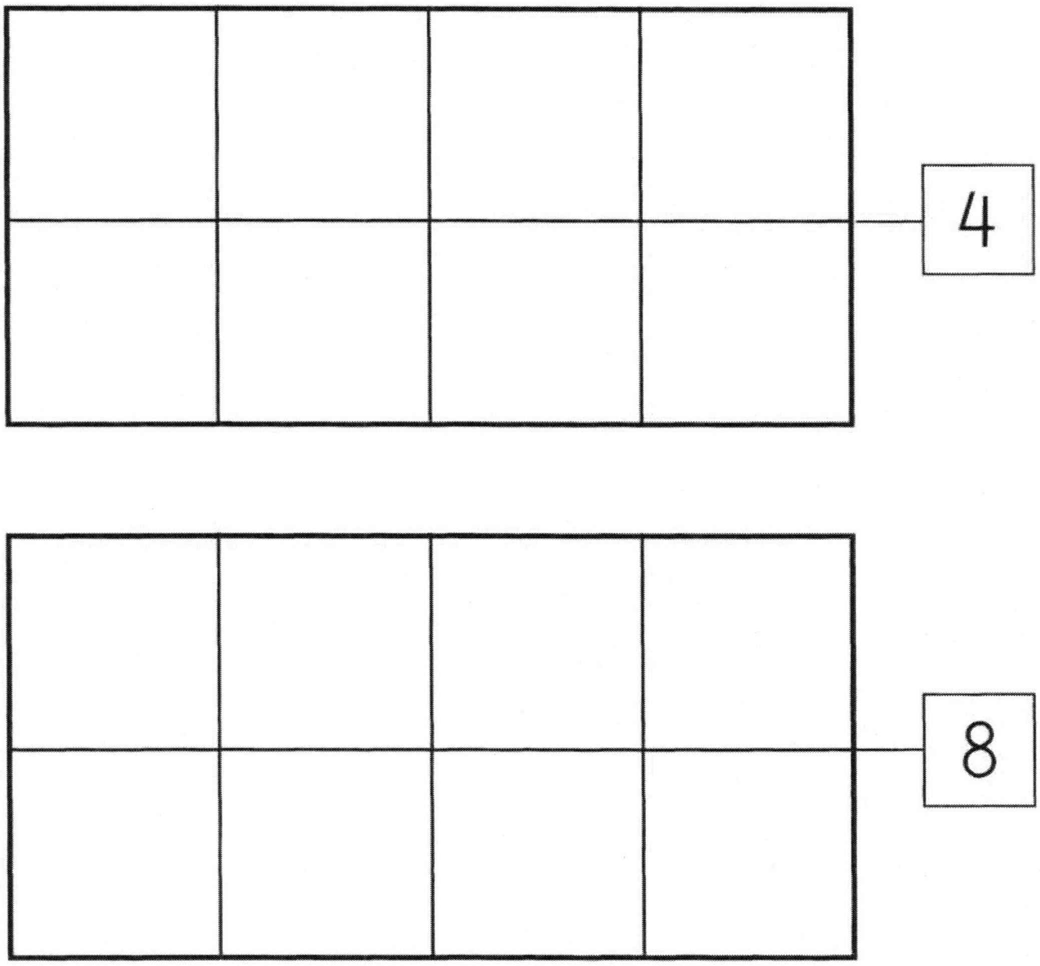


Plättchen malen.

Bd. 117. Gerhard Goldau: Einfaches Rechnen 4 – Zahlenraum bis 12
© Persen Verlag GmbH, Buxtehude

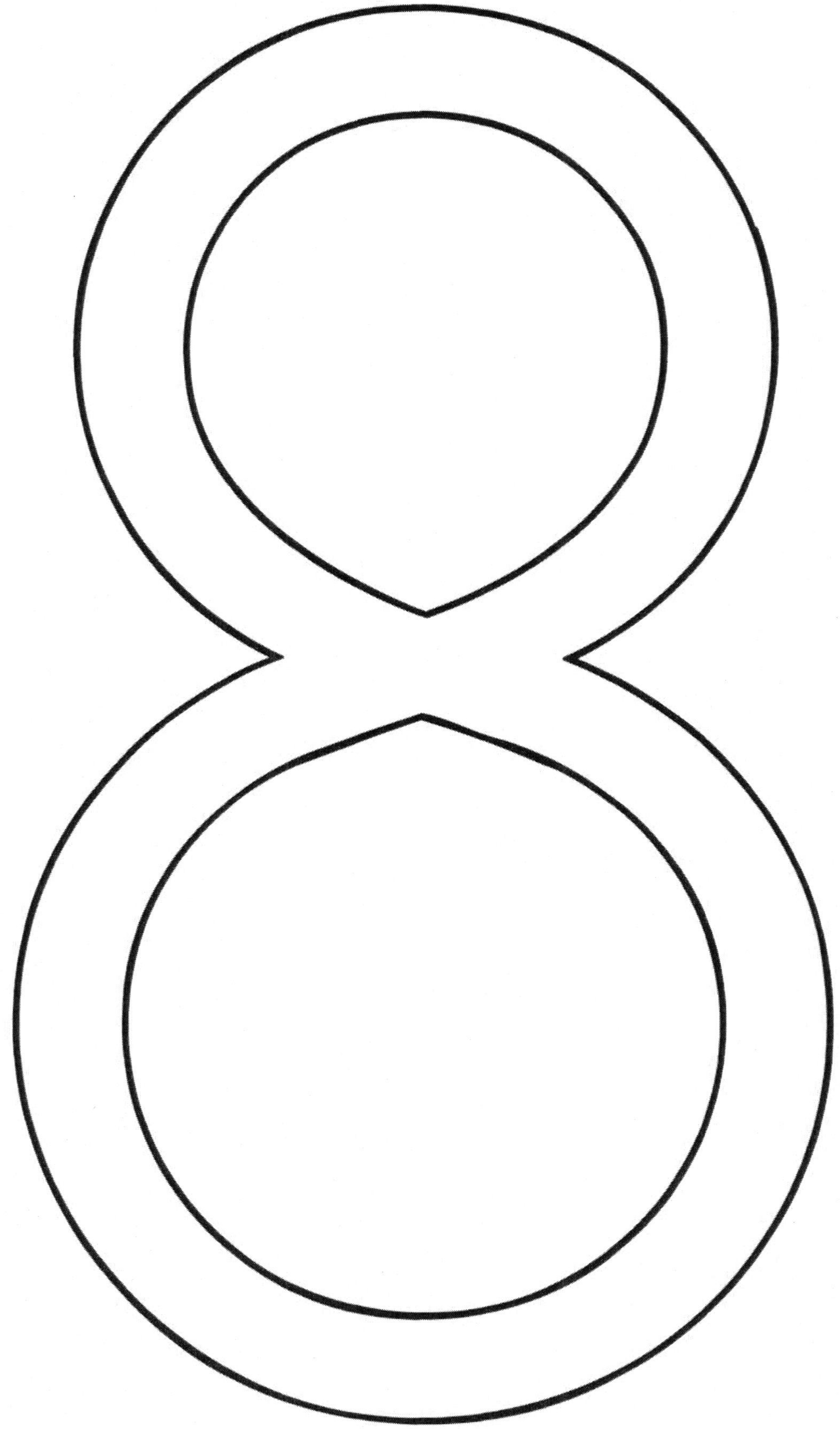

Nachzeichnen.

Bd. 117. Gerhard Goldau: Einfaches Rechnen 4 – Zahlenraum bis 12
© Persen Verlag GmbH, Buxtehude

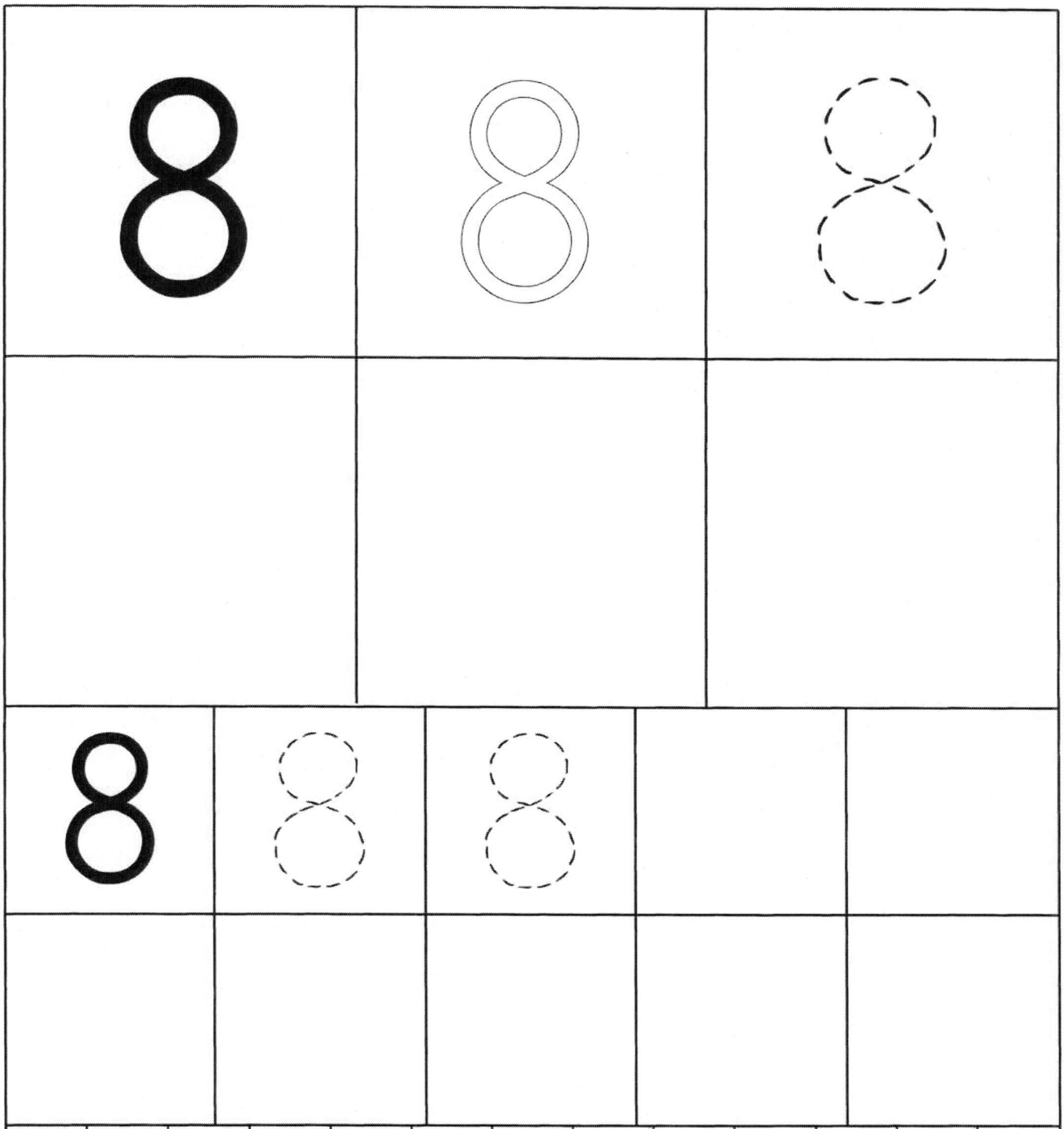

| | | | | | | | | | | | | |
|---|---|---|---|---|---|---|---|---|---|---|---|---|
| 8 | 8 | | | | | | | | | | | |
| 6 | | | | | | | | | | | | |
| 4 | | | | | | | | | | | | |
| 2 | | | | | | | | | | | | |

Zahlen schreiben.

Bd. 117. Gerhard Goldau: Einfaches Rechnen 4 – Zahlenraum bis 12
© Persen Verlag GmbH, Buxtehude

# 8 Bälle und 8 Spielsteine

Male 4 Bälle rot, 4 Bälle gelb.

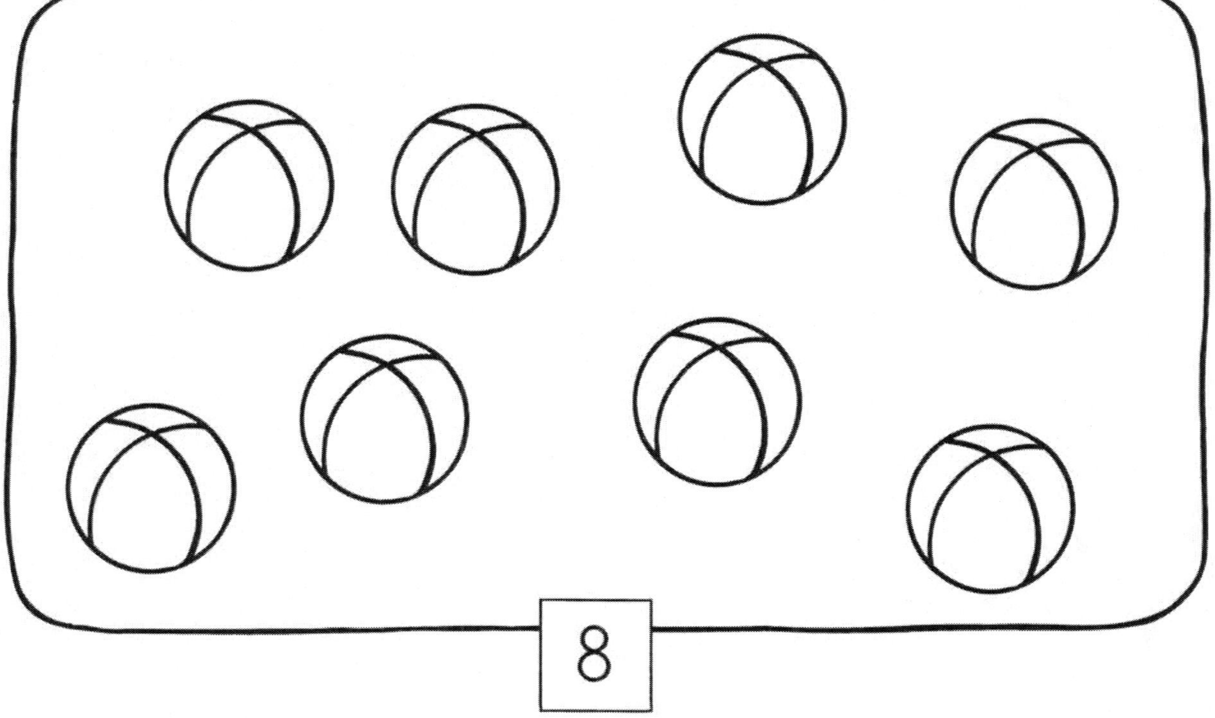


Male 6 Steine grün, 2 Steine rot.

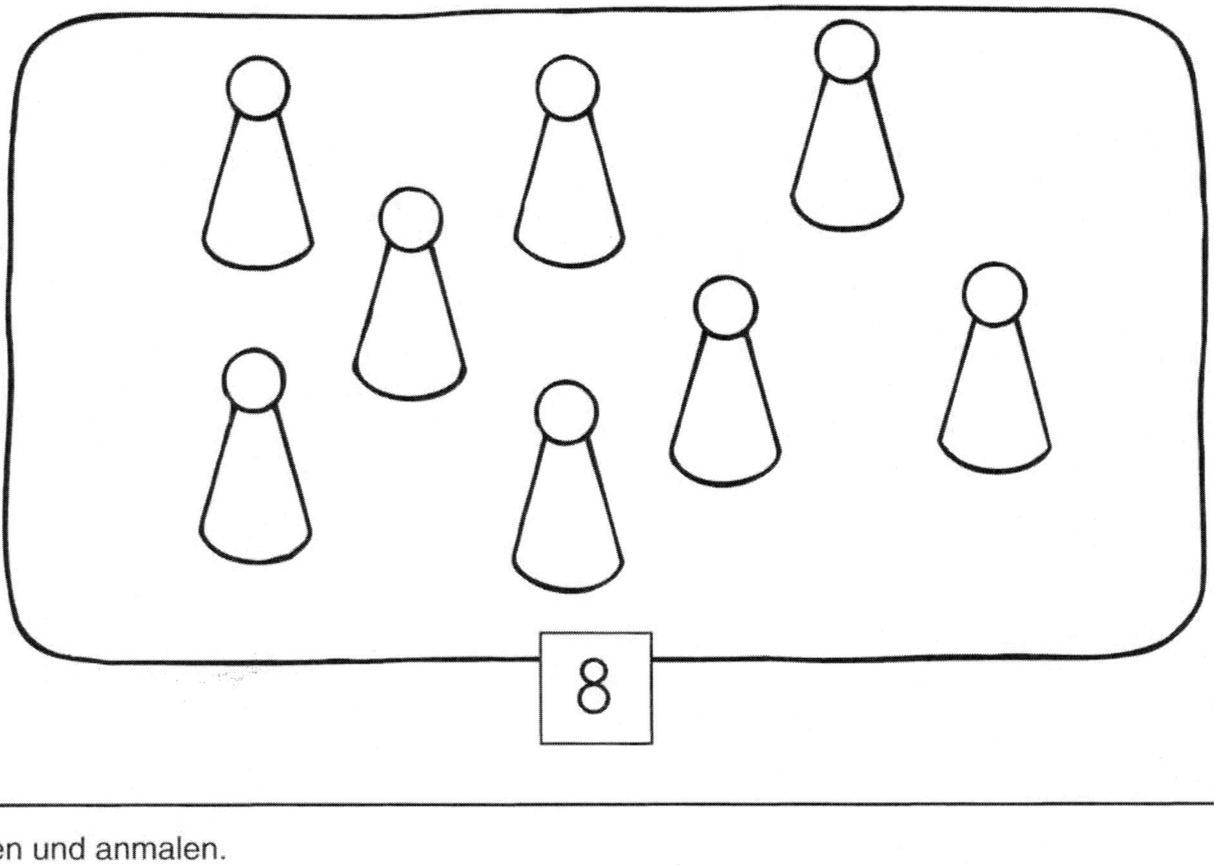


Zählen und anmalen.

Bd. 117. Gerhard Goldau: Einfaches Rechnen 4 – Zahlenraum bis 12
© Persen Verlag GmbH, Buxtehude

# 8 Bälle - 7 Bälle - 8 Bälle

Bild beschreiben, zählen, Zahlen schreiben und Bälle anmalen.

Bd. 117. Gerhard Goldau: Einfaches Rechnen 4 – Zahlenraum bis 12
© Persen Verlag GmbH, Buxtehude
Persen

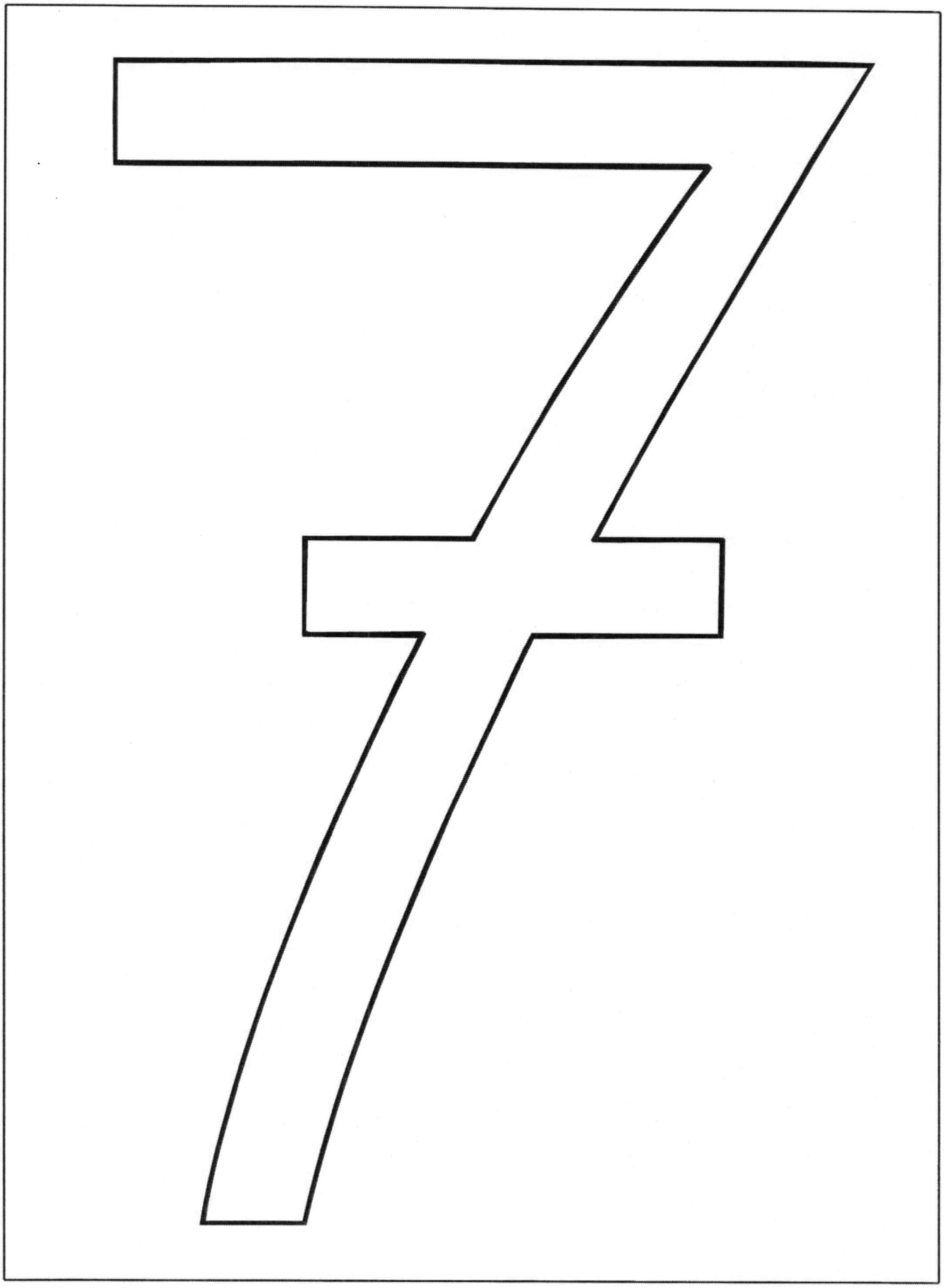

Nachzeichnen.

Bd. 117. Gerhard Goldau: Einfaches Rechnen 4 – Zahlenraum bis 12
© Persen Verlag GmbH, Buxtehude

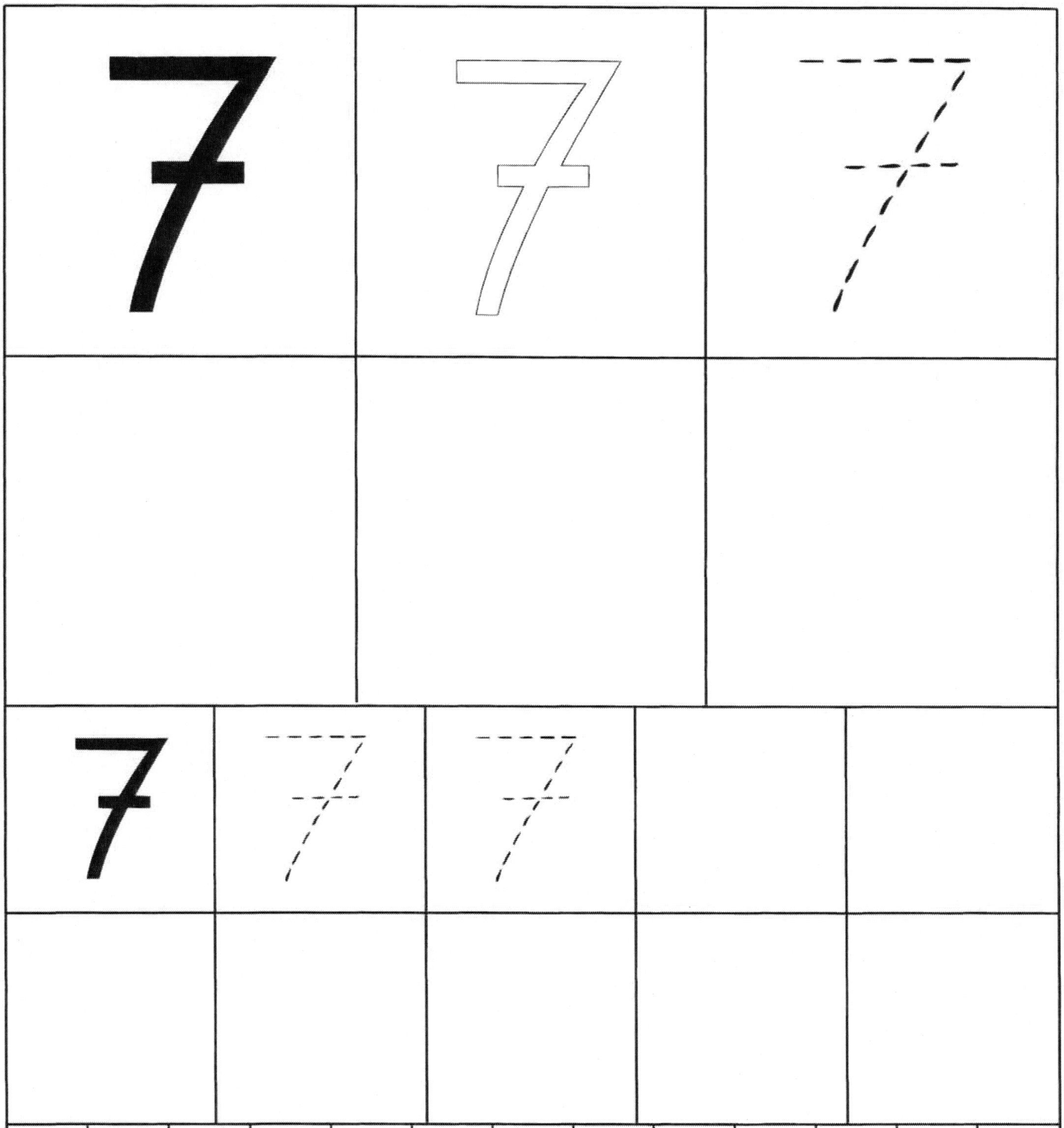

| | | | | | | | | | | | | |
|---|---|---|---|---|---|---|---|---|---|---|---|---|
| 7 | 7 | | | | | | | | | | | |
| 6 | | | | | | | | | | | | |
| 5 | | | | | | | | | | | | |
| 4 | | | | | | | | | | | | |

Zahlen schreiben.

Bd. 117. Gerhard Goldau: Einfaches Rechnen 4 – Zahlenraum bis 12
© Persen Verlag GmbH, Buxtehude

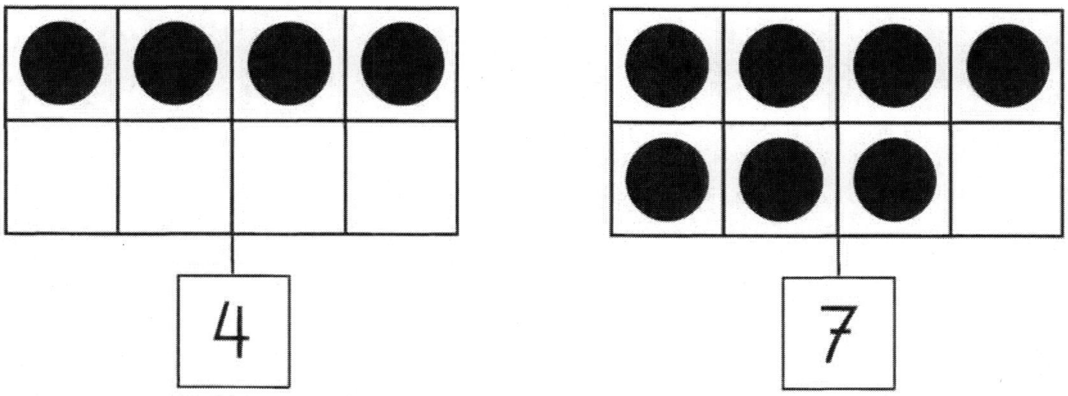


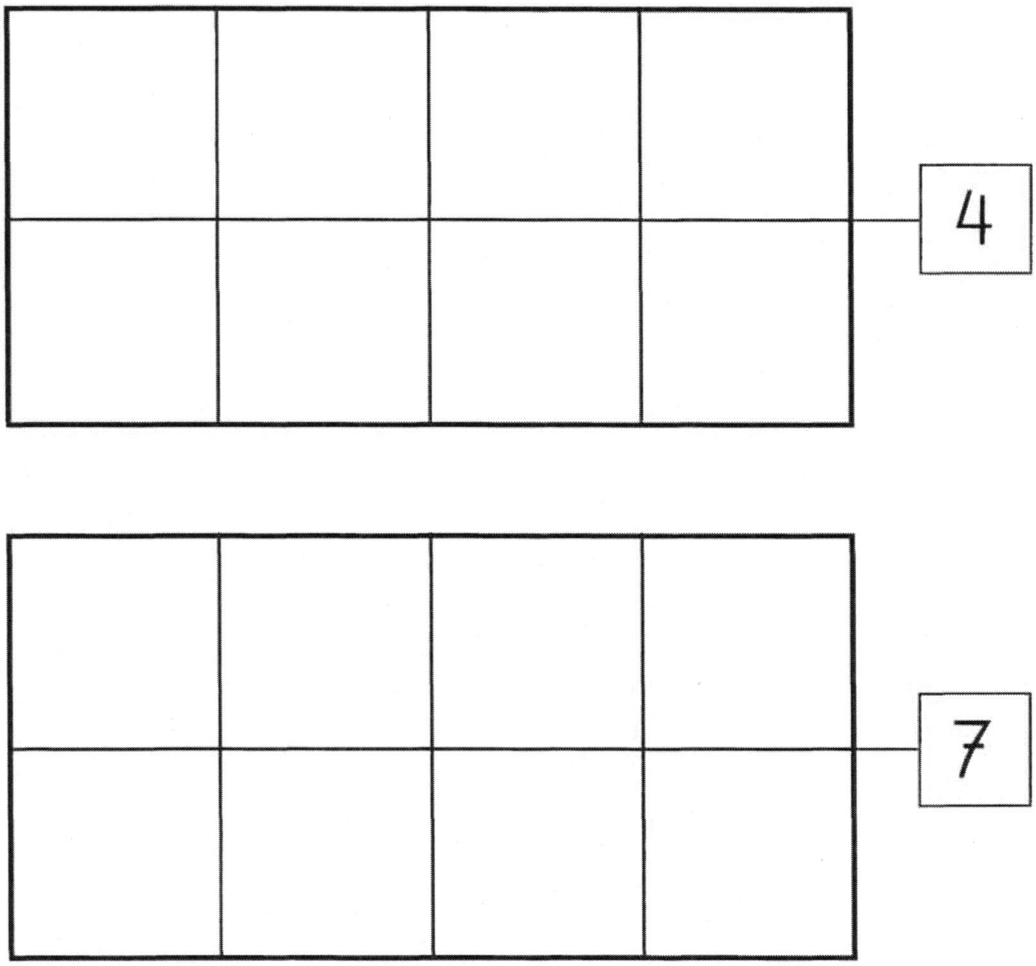


Plättchen malen.

Bd. 117. Gerhard Goldau: Einfaches Rechnen 4 – Zahlenraum bis 12
© Persen Verlag GmbH, Buxtehude

# 7 Bälle und 7 Spielsteine



Male 4 Bälle rot, 3 Bälle grün.

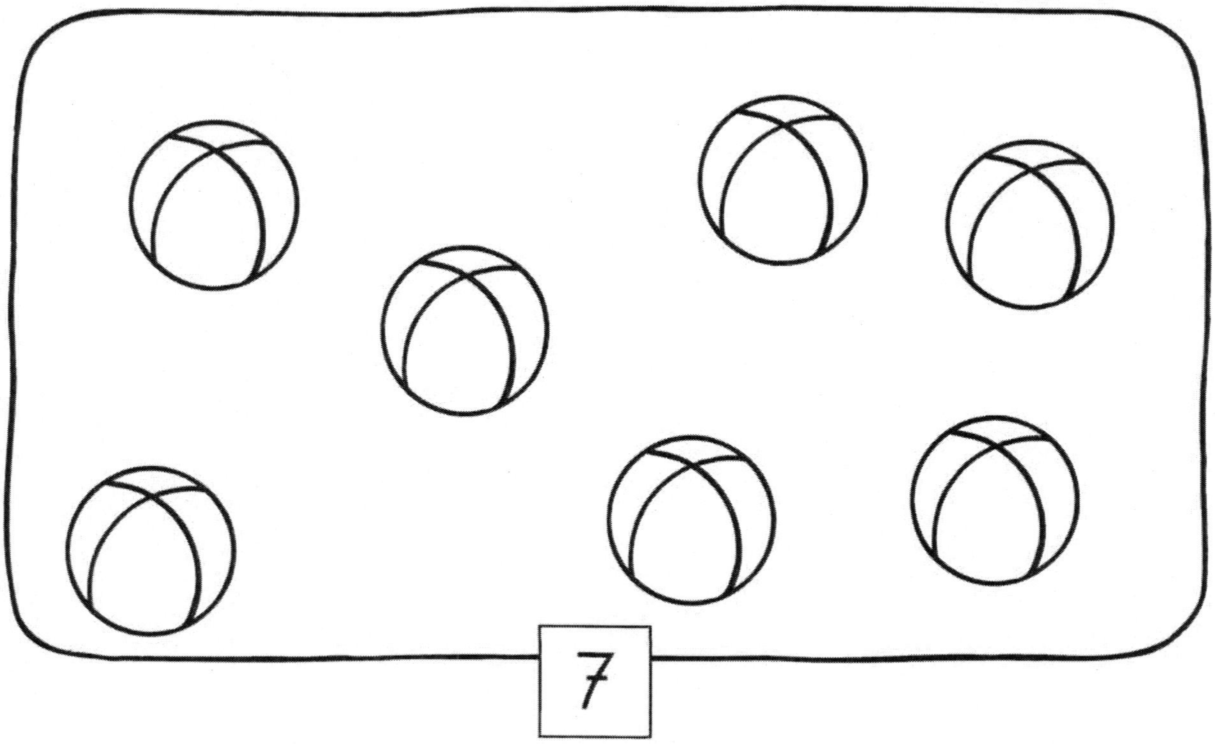


Male 5 Steine blau, 2 Steine gelb.

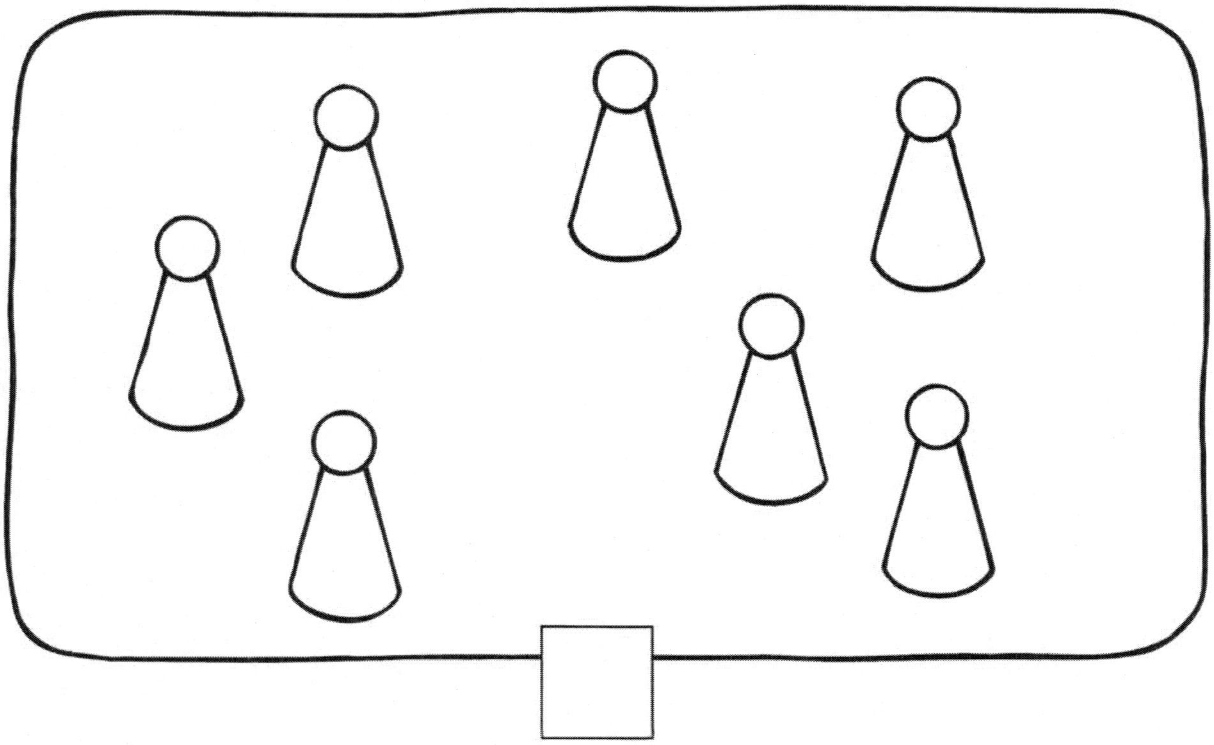

Zählen und anmalen.

Bd. 117. Gerhard Goldau: Einfaches Rechnen 4 – Zahlenraum bis 12
© Persen Verlag GmbH, Buxtehude

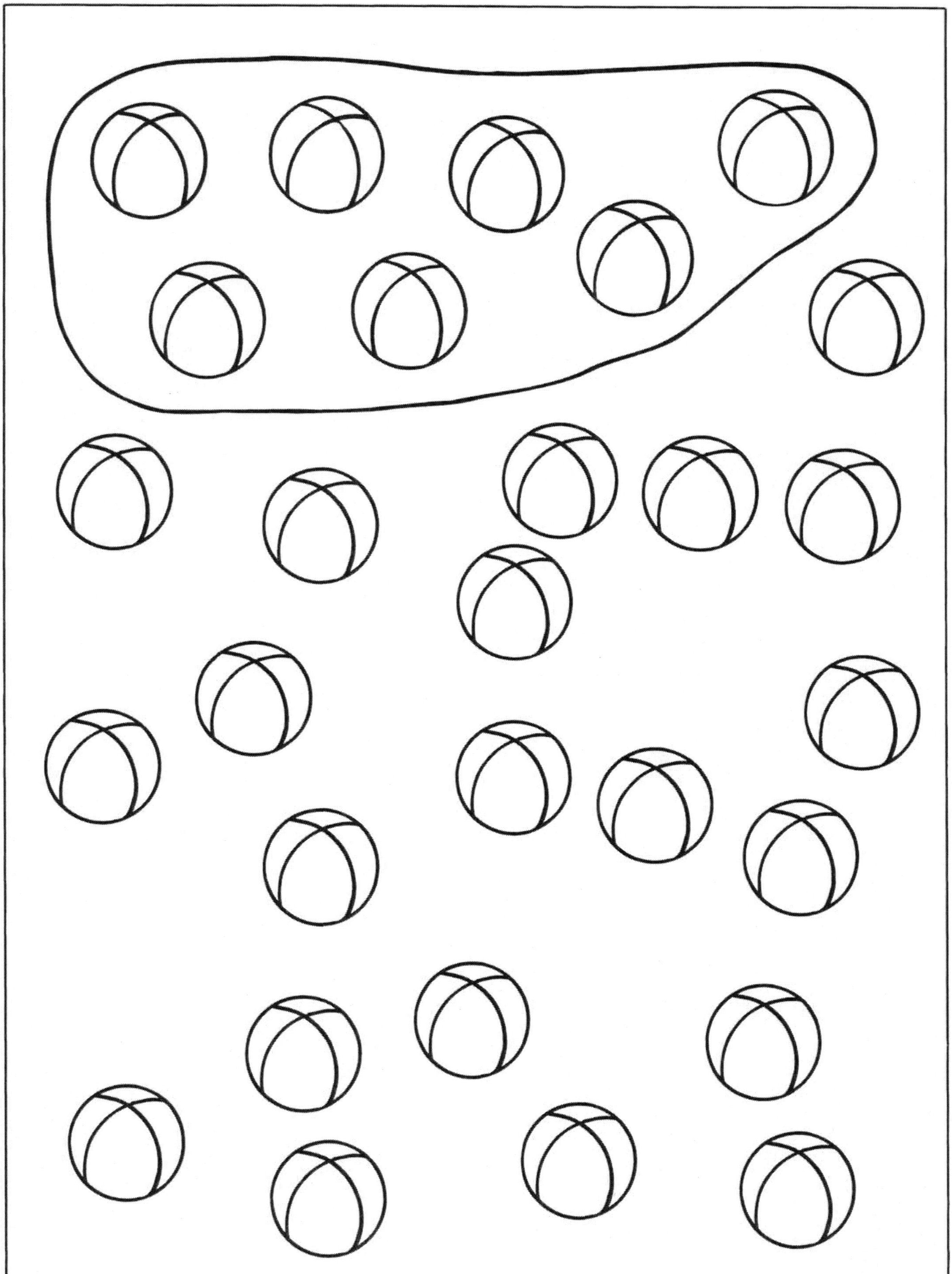

Abzählen, einkreisen und anmalen.

Bd. 117. Gerhard Goldau: Einfaches Rechnen 4 – Zahlenraum bis 12
© Persen Verlag GmbH, Buxtehude

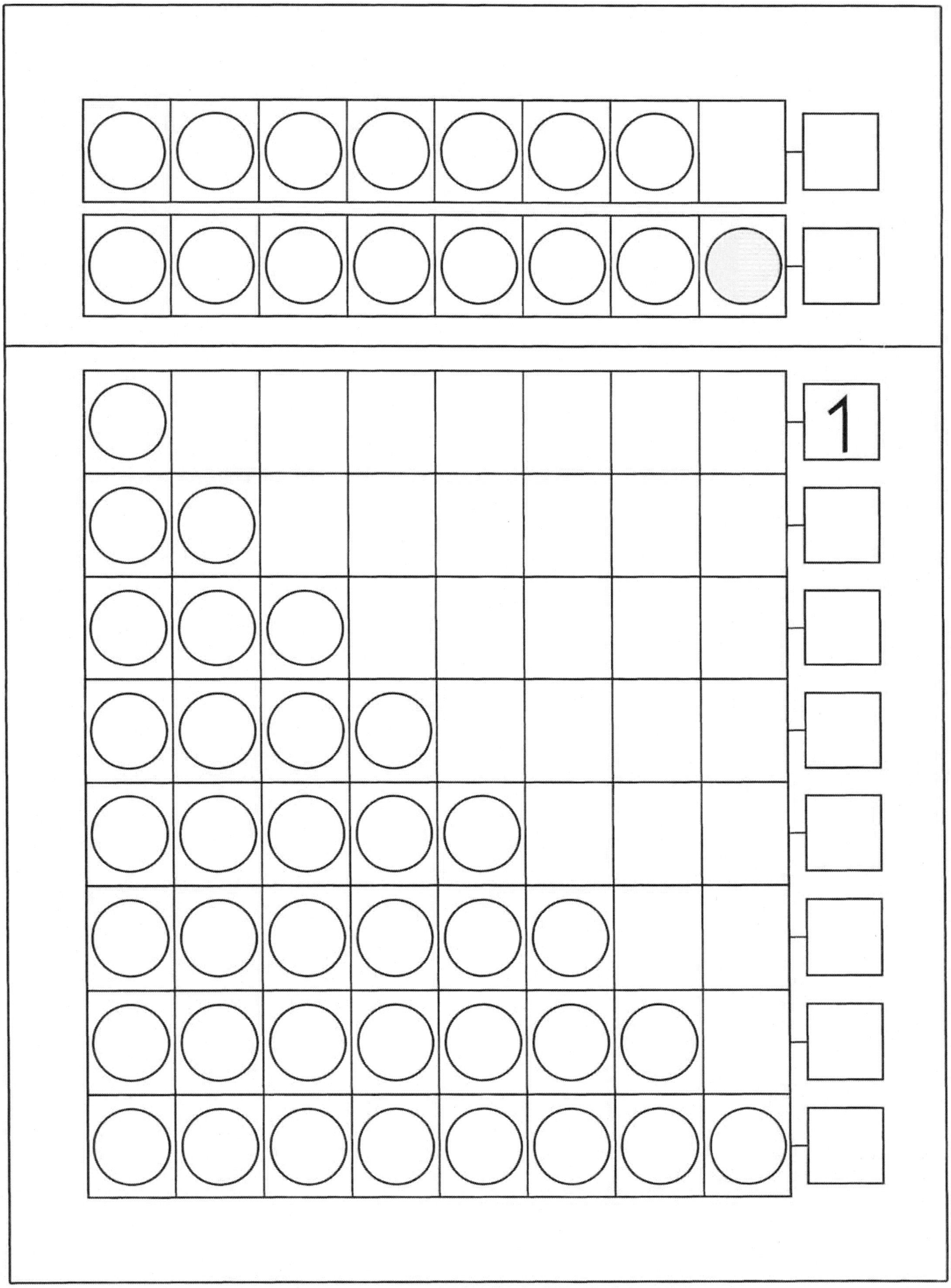


Zählen, Zahlen schreiben, anmalen.

Bd. 117. Gerhard Goldau: Einfaches Rechnen 4 – Zahlenraum bis 12
© Persen Verlag GmbH, Buxtehude

| | | | | | | | |
|---|---|---|---|---|---|---|---|
| 1 | 2 | | | | | | 8 |
| 8 | 7 | | | 4 | | | 1 |

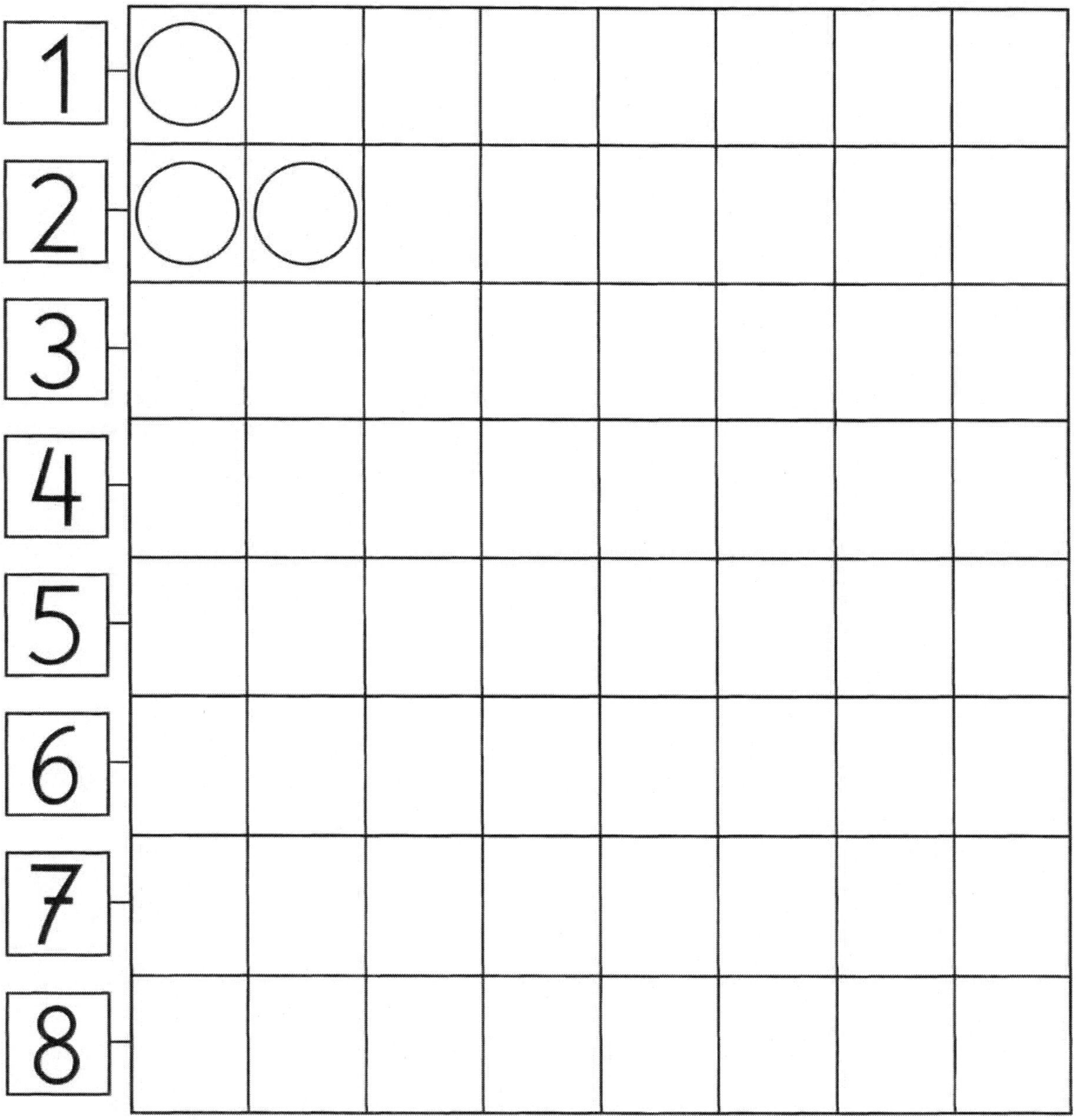

Zahlenreihe ergänzen und Kreise malen.

Bd. 117. Gerhard Goldau: Einfaches Rechnen 4 – Zahlenraum bis 12
© Persen Verlag GmbH, Buxtehude

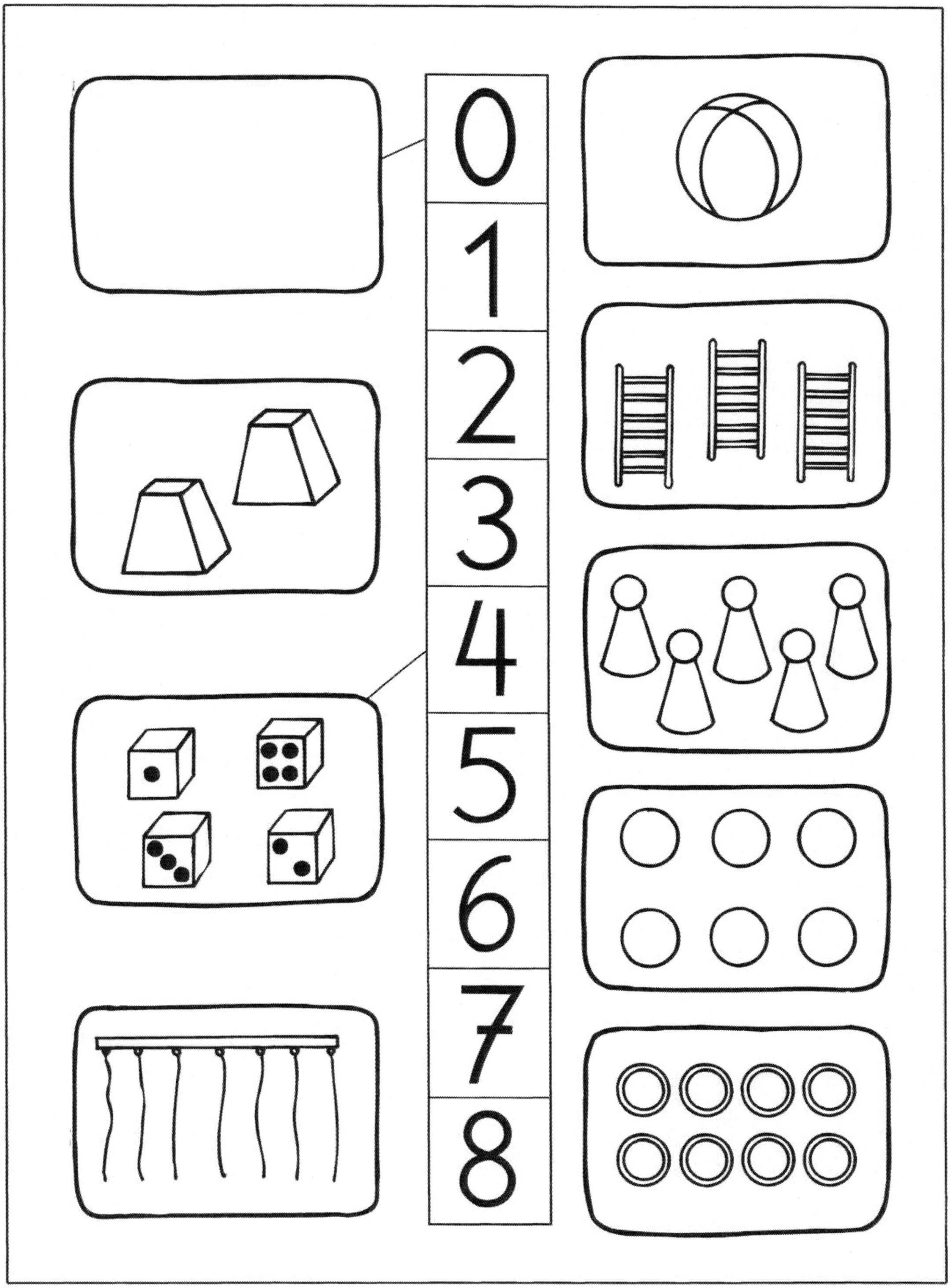


Zählen, zuordnen, Striche ziehen und Zahlen lesen.

Bd. 117. Gerhard Goldau: Einfaches Rechnen 4 – Zahlenraum bis 12
© Persen Verlag GmbH, Buxtehude

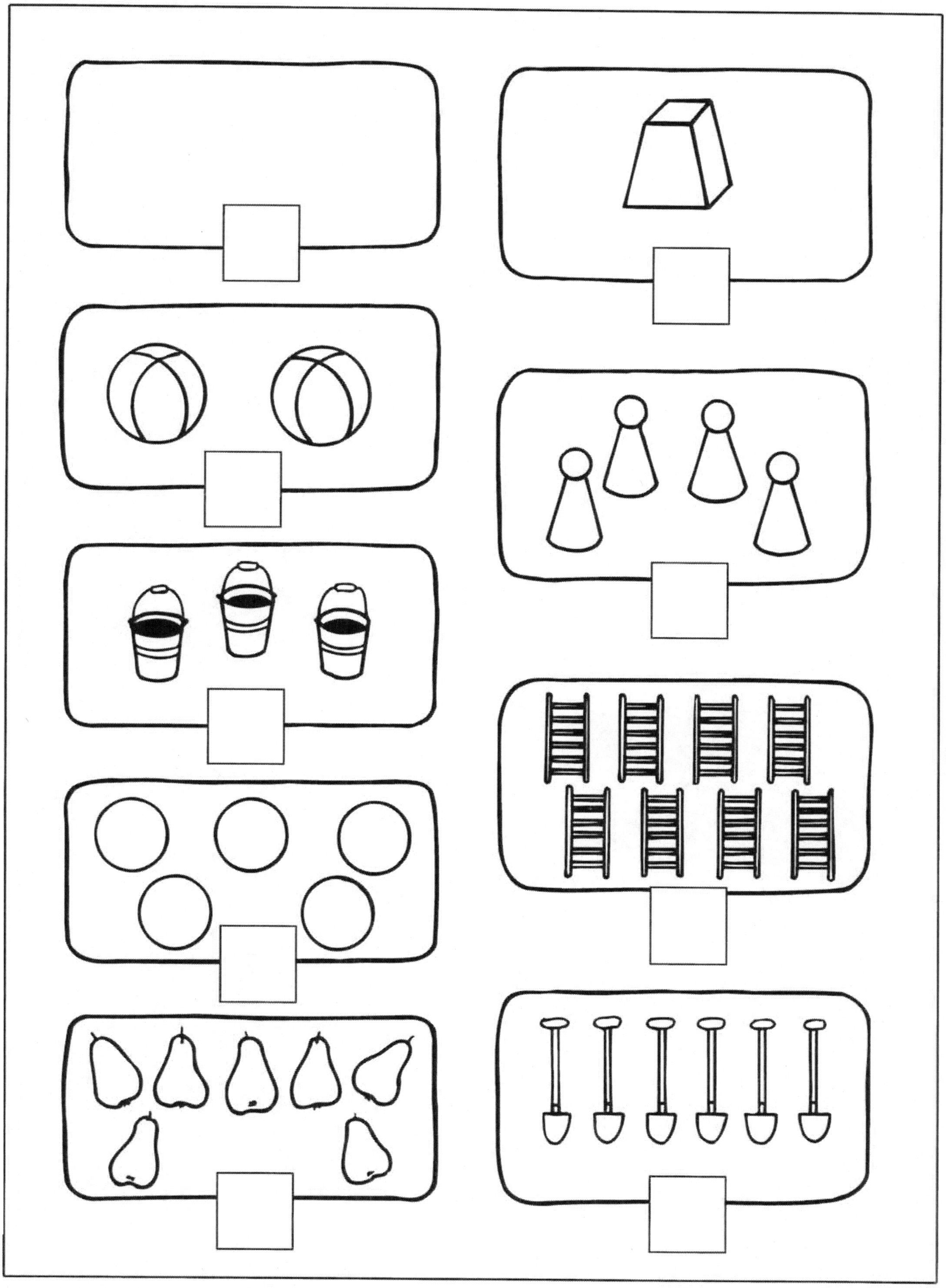

Zählen, Zahl zuordnen und Zahlen schreiben.

Bd. 117. Gerhard Goldau: Einfaches Rechnen 4 – Zahlenraum bis 12
© Persen Verlag GmbH, Buxtehude

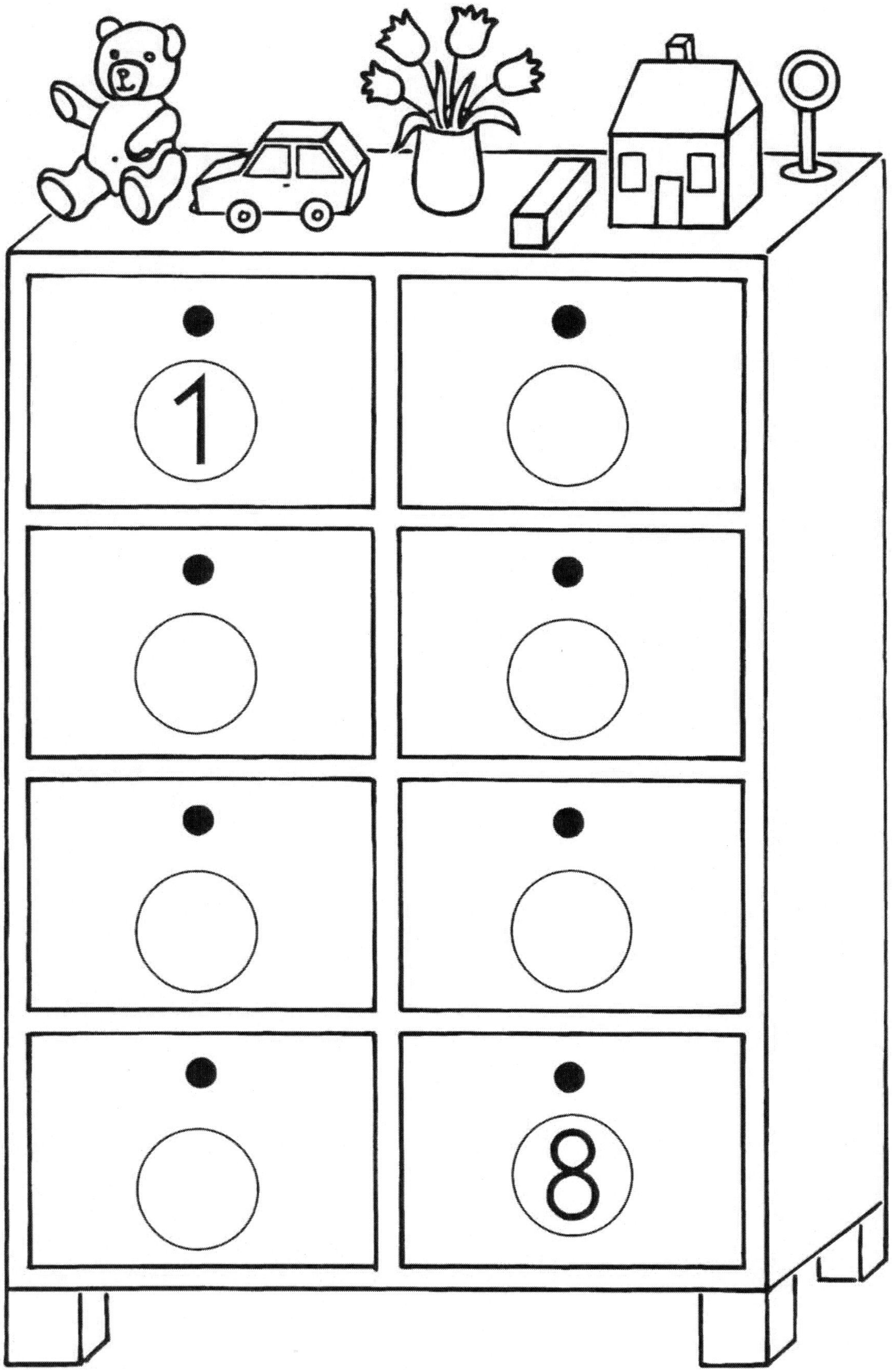


Bild beschreiben und Kästen nummerieren.

Bd. 117. Gerhard Goldau: Einfaches Rechnen 4 – Zahlenraum bis 12
© Persen Verlag GmbH, Buxtehude

Bild beschreiben, nummerieren und Bild anmalen.

Bd. 117. Gerhard Goldau: Einfaches Rechnen 4 – Zahlenraum bis 12
© Persen Verlag GmbH, Buxtehude

Bd. 117. Gerhard Goldau: Einfaches Rechnen 4 – Zahlenraum bis 12
© Persen Verlag GmbH, Buxtehude

Bild beschreiben, zählen und Menge 10 anmalen.

# 10 Bälle



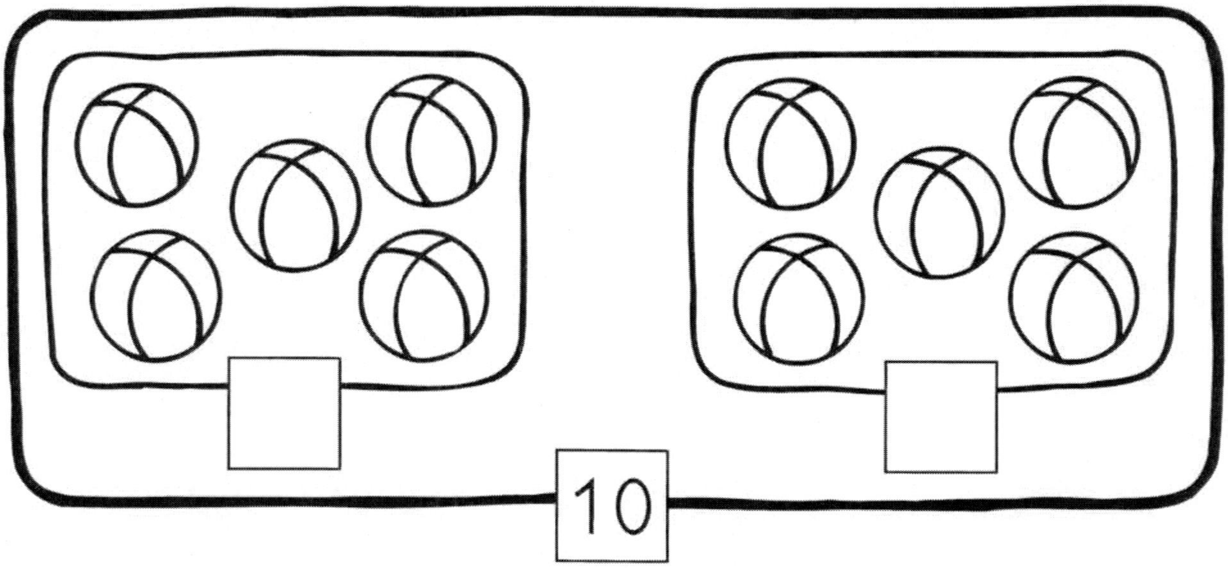


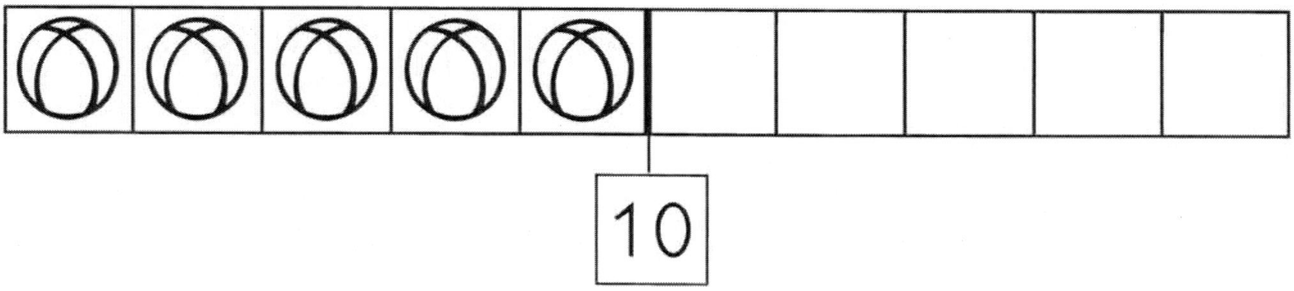


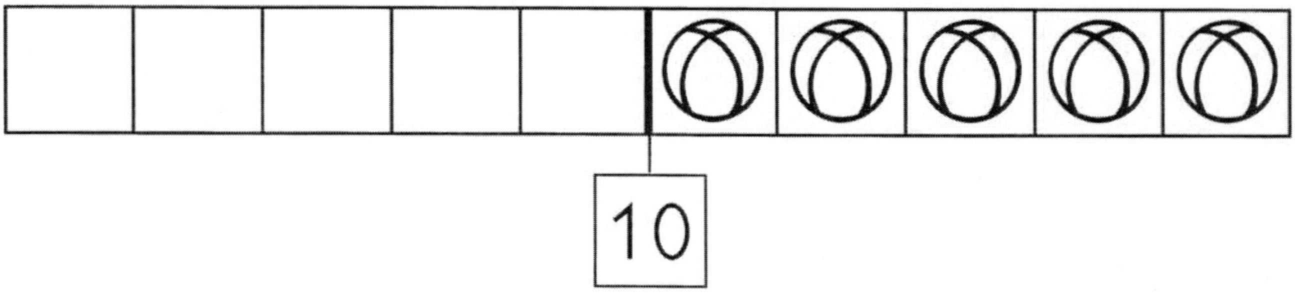


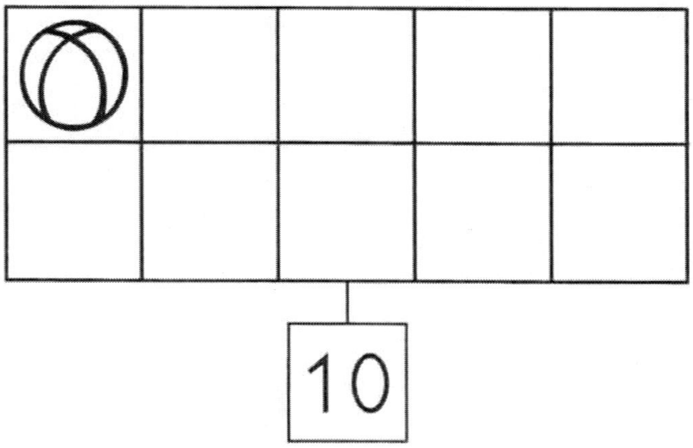


Bis 10 ergänzen und Bälle malen.

Bd. 117. Gerhard Goldau: Einfaches Rechnen 4 – Zahlenraum bis 12
© Persen Verlag GmbH, Buxtehude
Persen

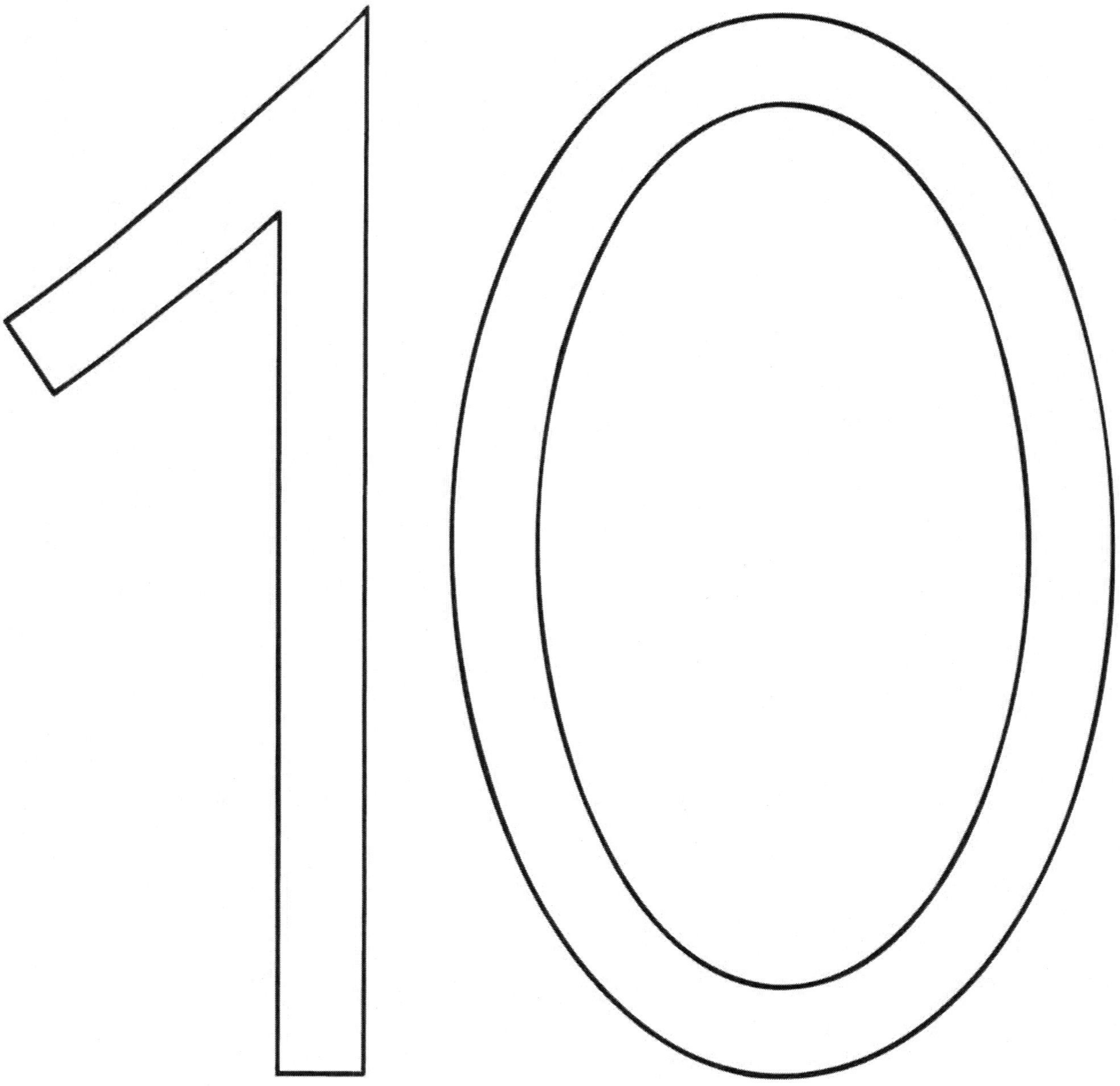

Nachzeichnen.

Bd. 117. Gerhard Goldau: Einfaches Rechnen 4 – Zahlenraum bis 12
© Persen Verlag GmbH, Buxtehude

| | | | | |
|---|---|---|---|---|
| 1 | 0 | | 1 | 0 |
| 1 | | | | |

| | | | | | |
|---|---|---|---|---|---|
| 1 | 0 | | 1 | 0 | |
| 1 | | | | | |
| | | | | | |

| | | | | | | | | | | | | |
|---|---|---|---|---|---|---|---|---|---|---|---|---|
| 1 | 0 | | 1 | 0 | | 1 | 0 | | | | | |
| 1 | 0 | | | | | | | | | | | |
| 8 | 8 | 8 | | | | | | | | | | |
| 8 | 8 | | | | | | | | | | | |
| 7 | 7 | 7 | | | | | | | | | | |
| 7 | 7 | | | | | | | | | | | |

Zahlen schreiben.

Bd. 117. Gerhard Goldau: Einfaches Rechnen 4 – Zahlenraum bis 12
© Persen Verlag GmbH, Buxtehude

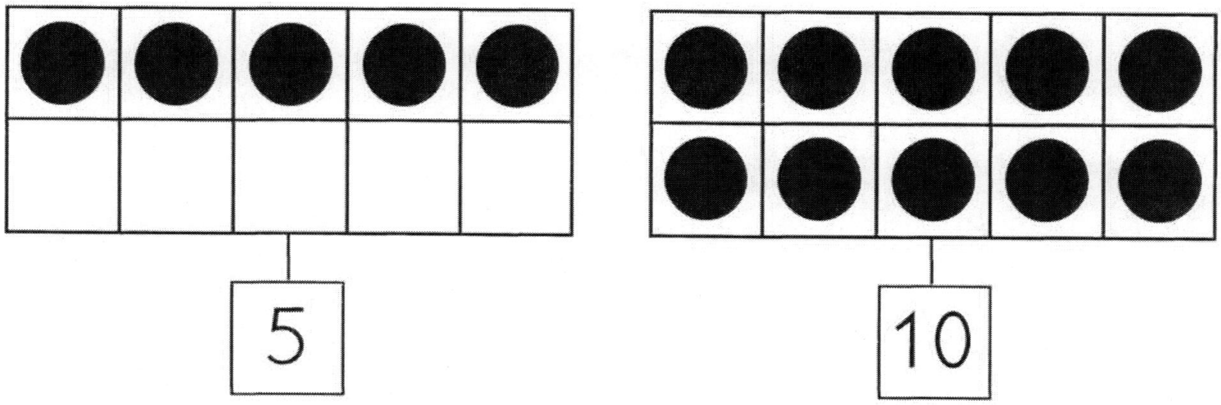


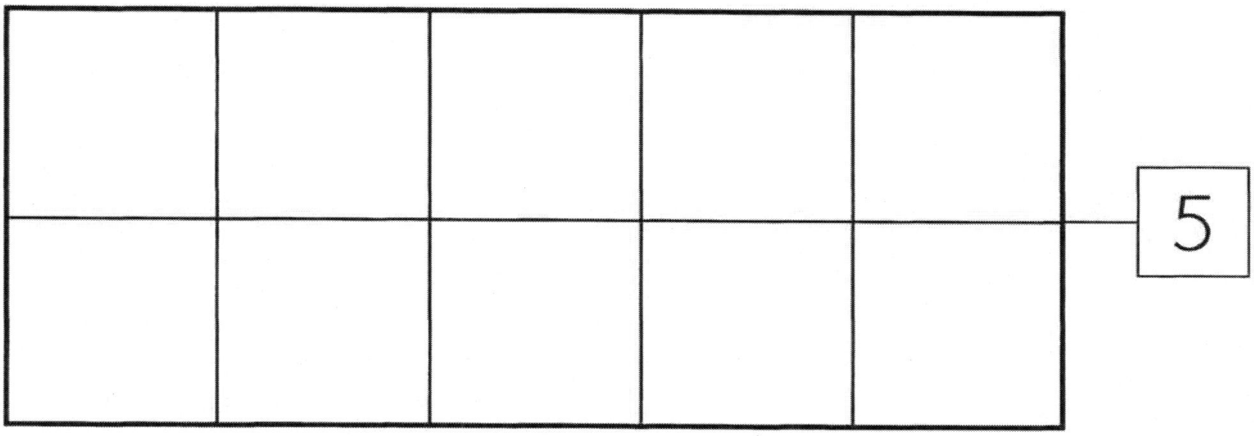


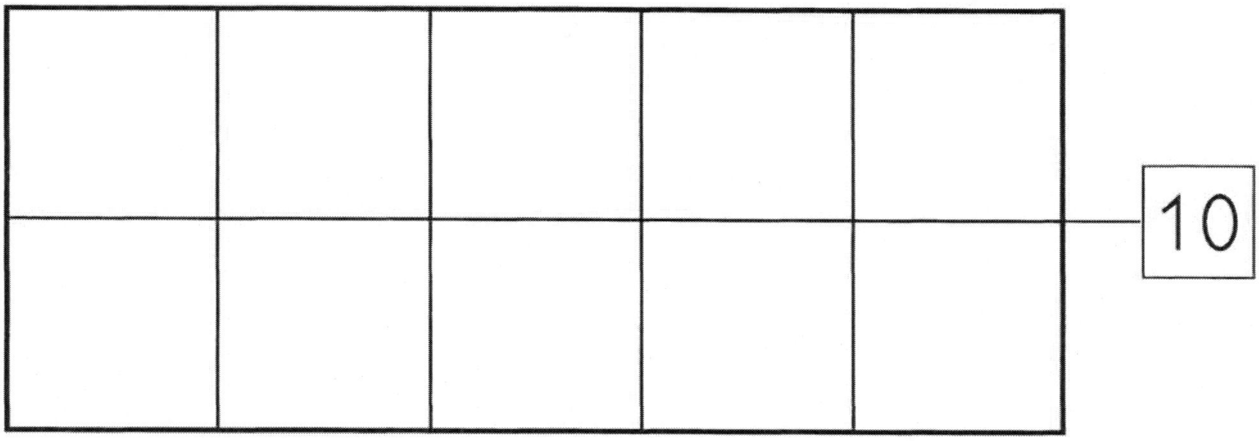


Plättchen malen.

Bd. 117. Gerhard Goldau: Einfaches Rechnen 4 – Zahlenraum bis 12
© Persen Verlag GmbH, Buxtehude

Male 5 Bälle blau, 5 Bälle gelb.

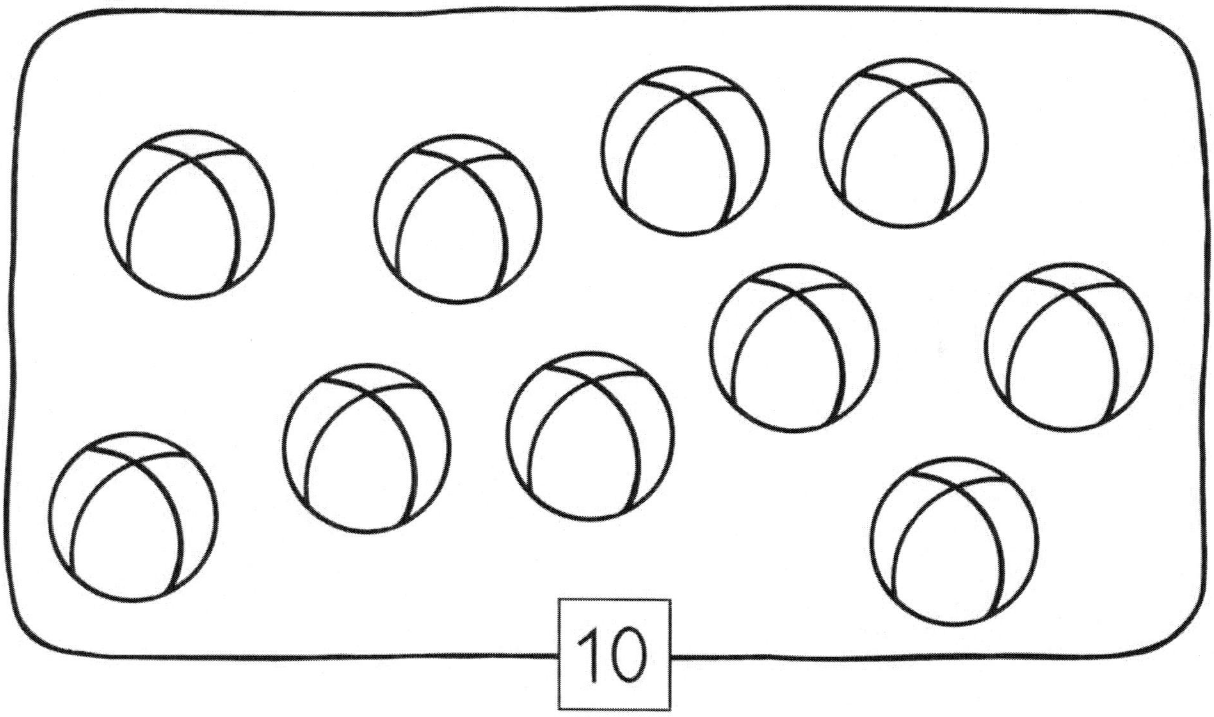

Male 6 Steine grün, 4 Steine rot.

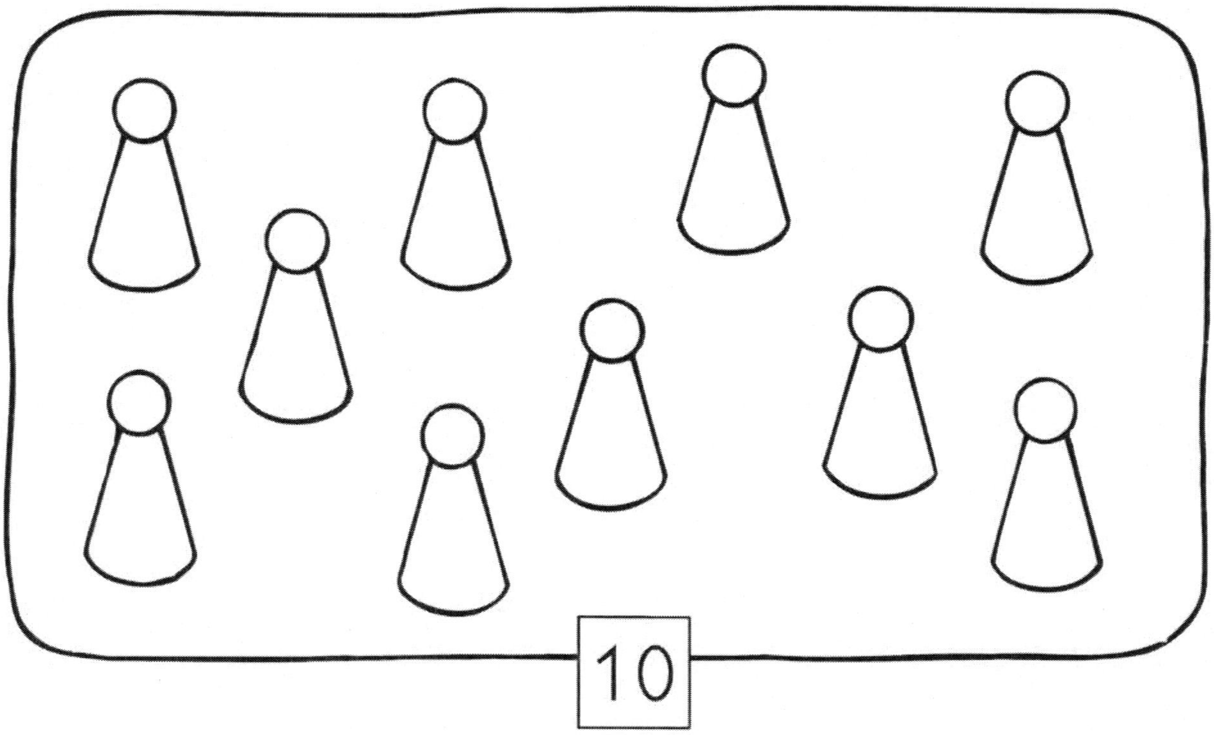

Zählen und anmalen.

Bd. 117. Gerhard Goldau: Einfaches Rechnen 4 – Zahlenraum bis 12
© Persen Verlag GmbH, Buxtehude

Bild beschreiben, zählen, Zahlen eintragen und Menge 9 anmalen.

Bd. 117. Gerhard Goldau: Einfaches Rechnen 4 – Zahlenraum bis 12
© Persen Verlag GmbH, Buxtehude

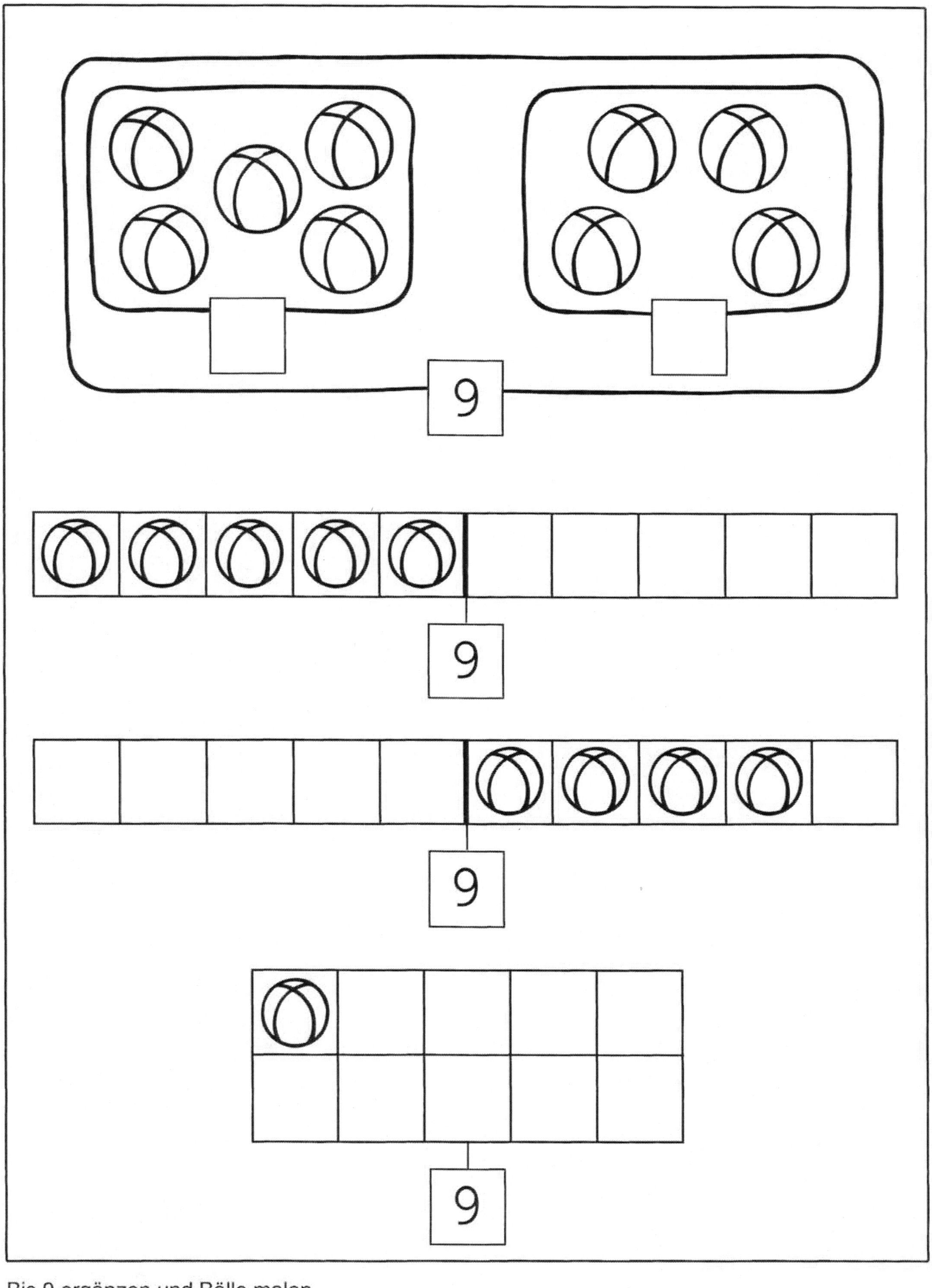


Bis 9 ergänzen und Bälle malen.

Bd. 117. Gerhard Goldau: Einfaches Rechnen 4 – Zahlenraum bis 12
© Persen Verlag GmbH, Buxtehude

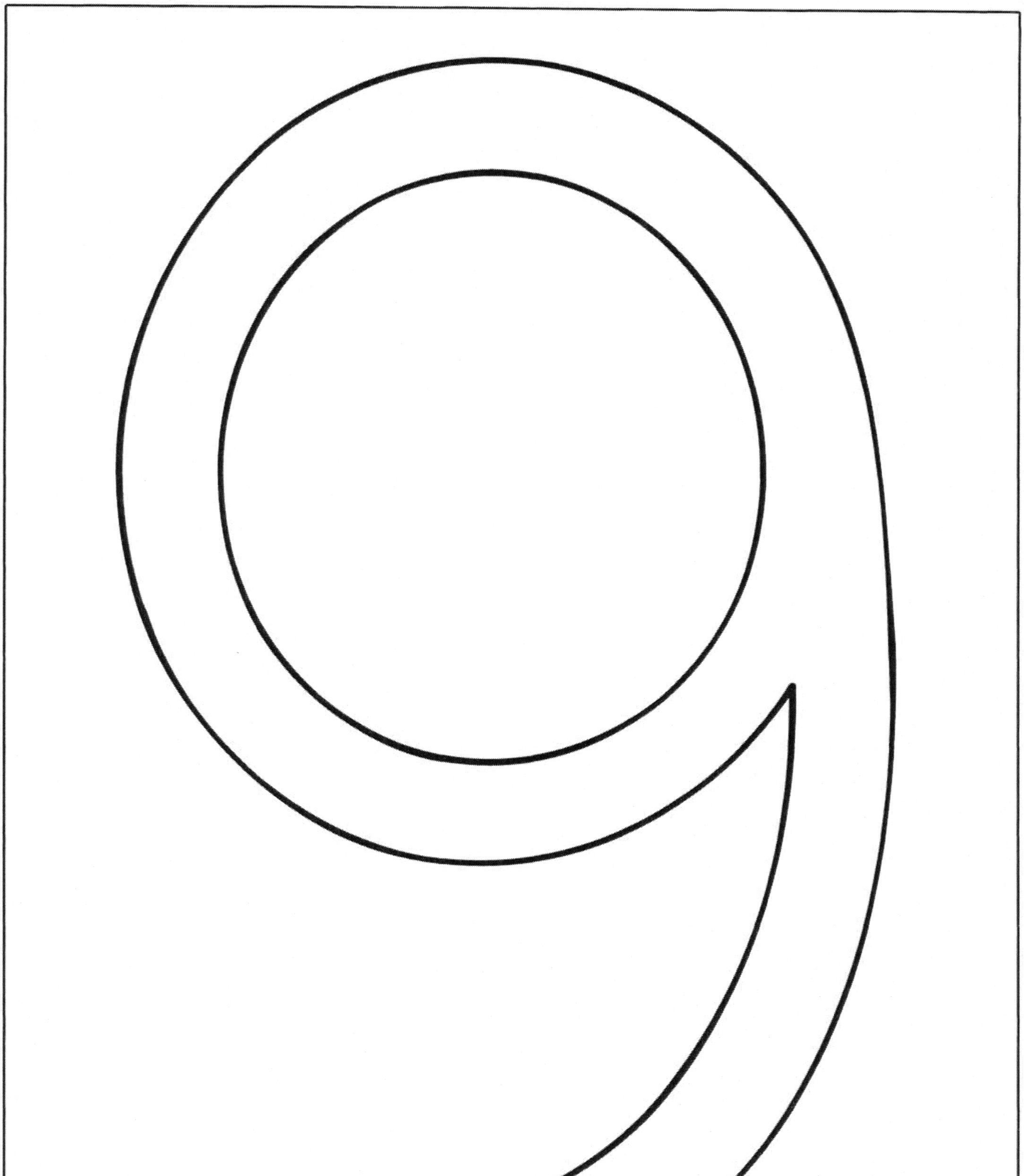

Nachzeichnen.

Bd. 117. Gerhard Goldau: Einfaches Rechnen 4 – Zahlenraum bis 12
© Persen Verlag GmbH, Buxtehude

| | | |
|---|---|---|
| 9 | 9 | 9 |
| | | |

| | | | | |
|---|---|---|---|---|
| 9 | 9 | 9 | | |
| | | | | |

| | | | | | | | | | | | | |
|---|---|---|---|---|---|---|---|---|---|---|---|---|
| 9 | 9 | | | | | | | | | | | |
| 8 | | | | | | | | | | | | |
| 7 | | | | | | | | | | | | |
| 6 | | | | | | | | | | | | |

Zahlen schreiben.

Bd. 117. Gerhard Goldau: Einfaches Rechnen 4 – Zahlenraum bis 12
© Persen Verlag GmbH, Buxtehude

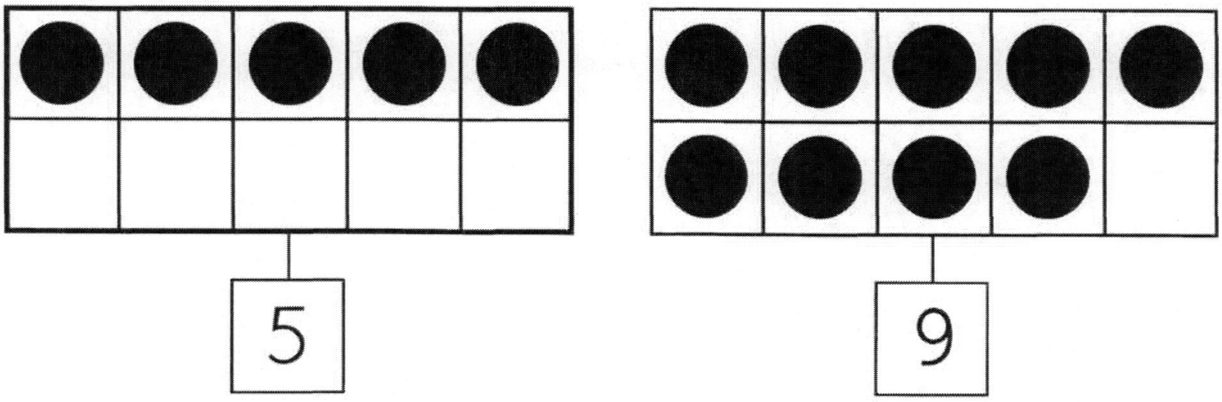


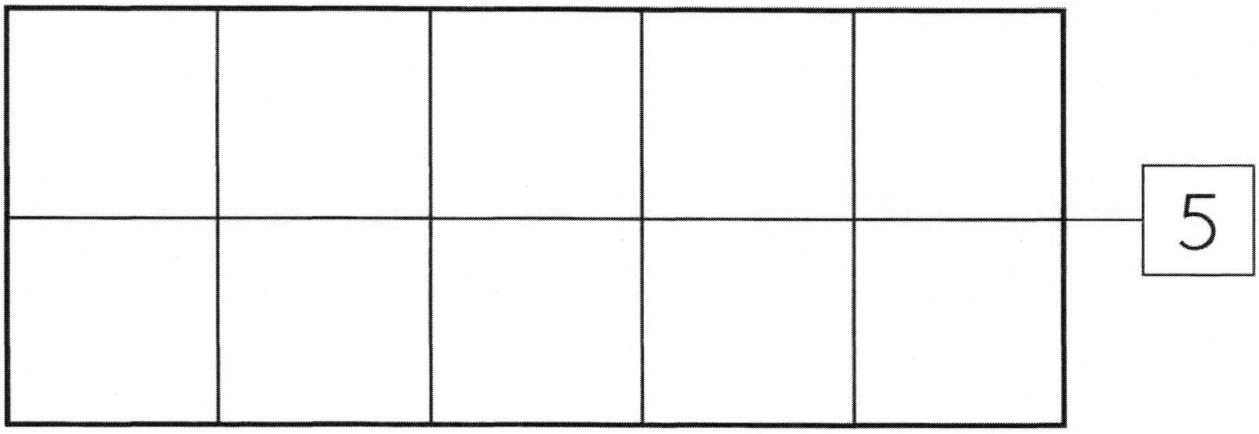


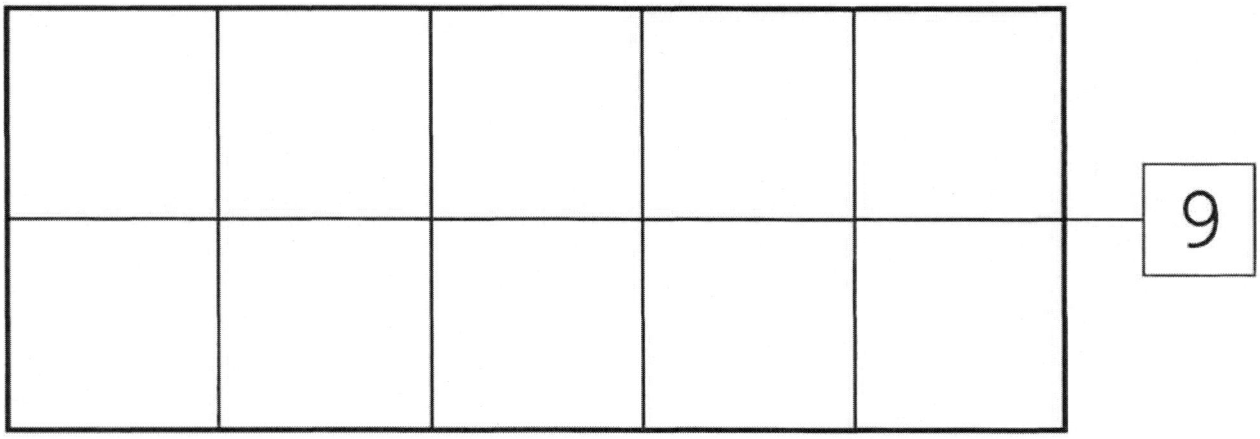


Bd. 117. Gerhard Goldau: Einfaches Rechnen 4 – Zahlenraum bis 12
© Persen Verlag GmbH, Buxtehude

Plättchen malen.

# 9 Bälle und 9 Spielsteine

Male 5 Bälle rot, 4 Bälle gelb.

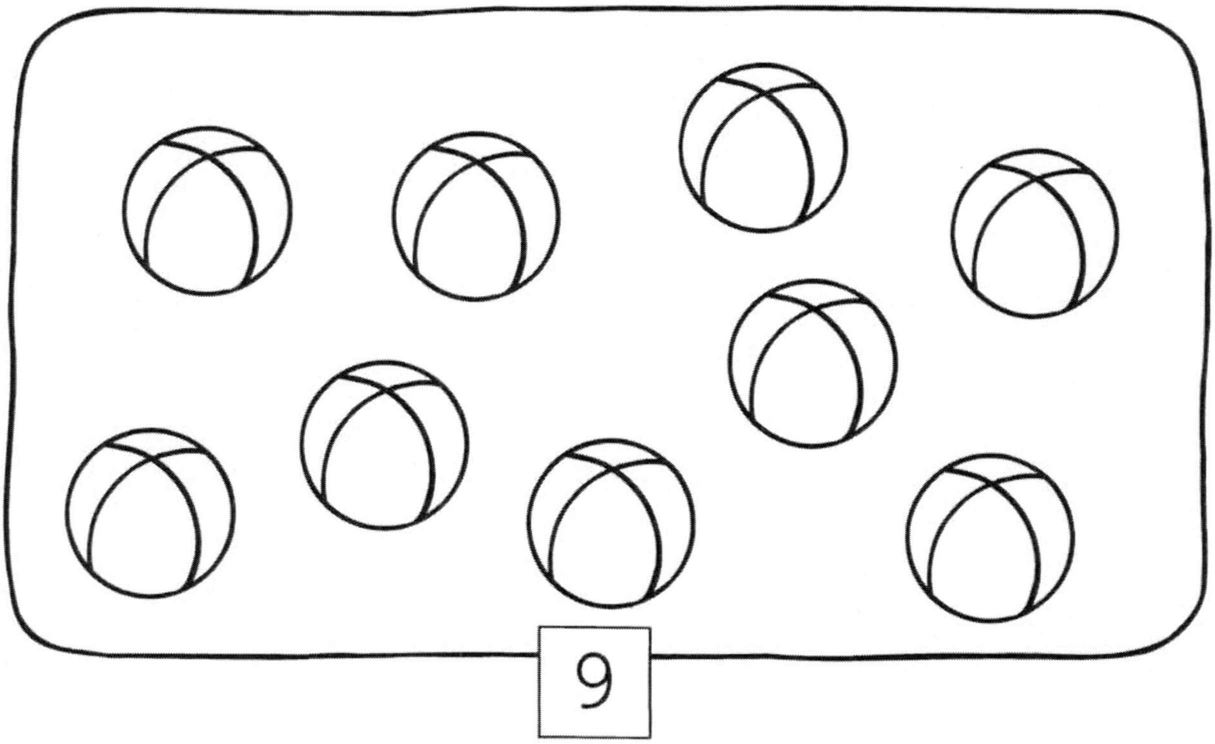


Male 6 Steine gelb, 3 Steine grün.

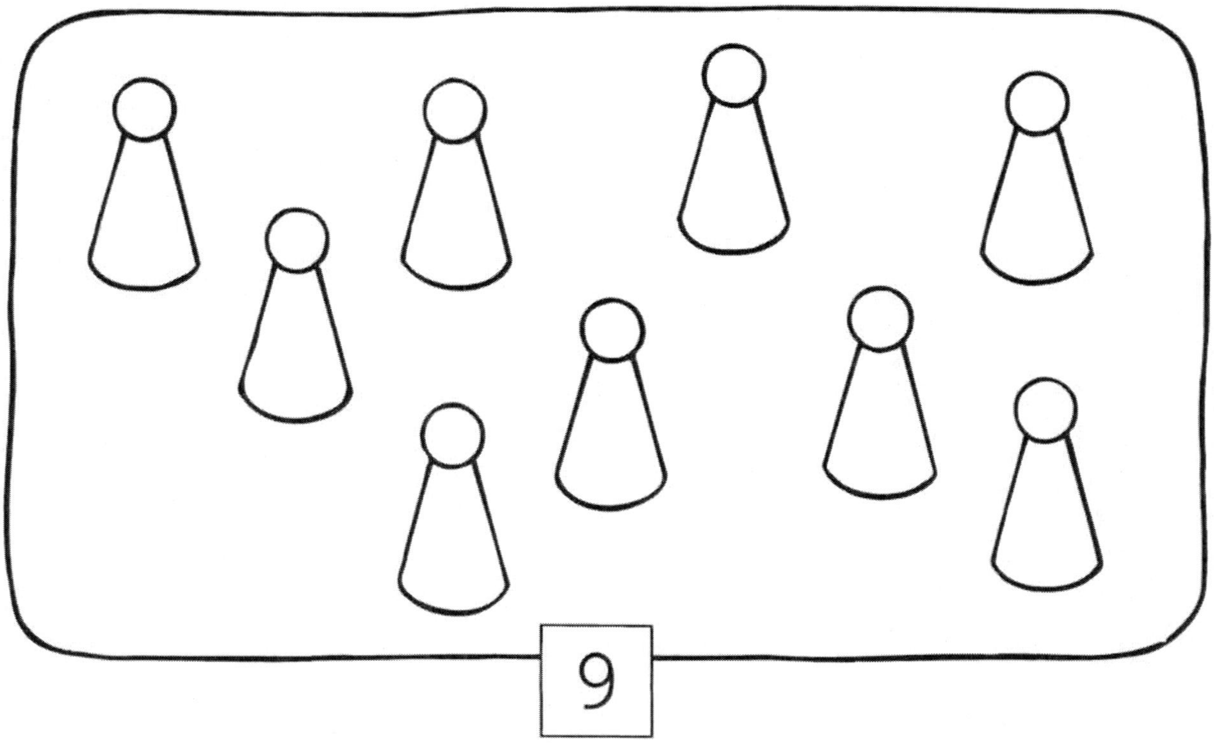


Zählen und anmalen.

Bd. 117. Gerhard Goldau: Einfaches Rechnen 4 – Zahlenraum bis 12
© Persen Verlag GmbH, Buxtehude
Persen

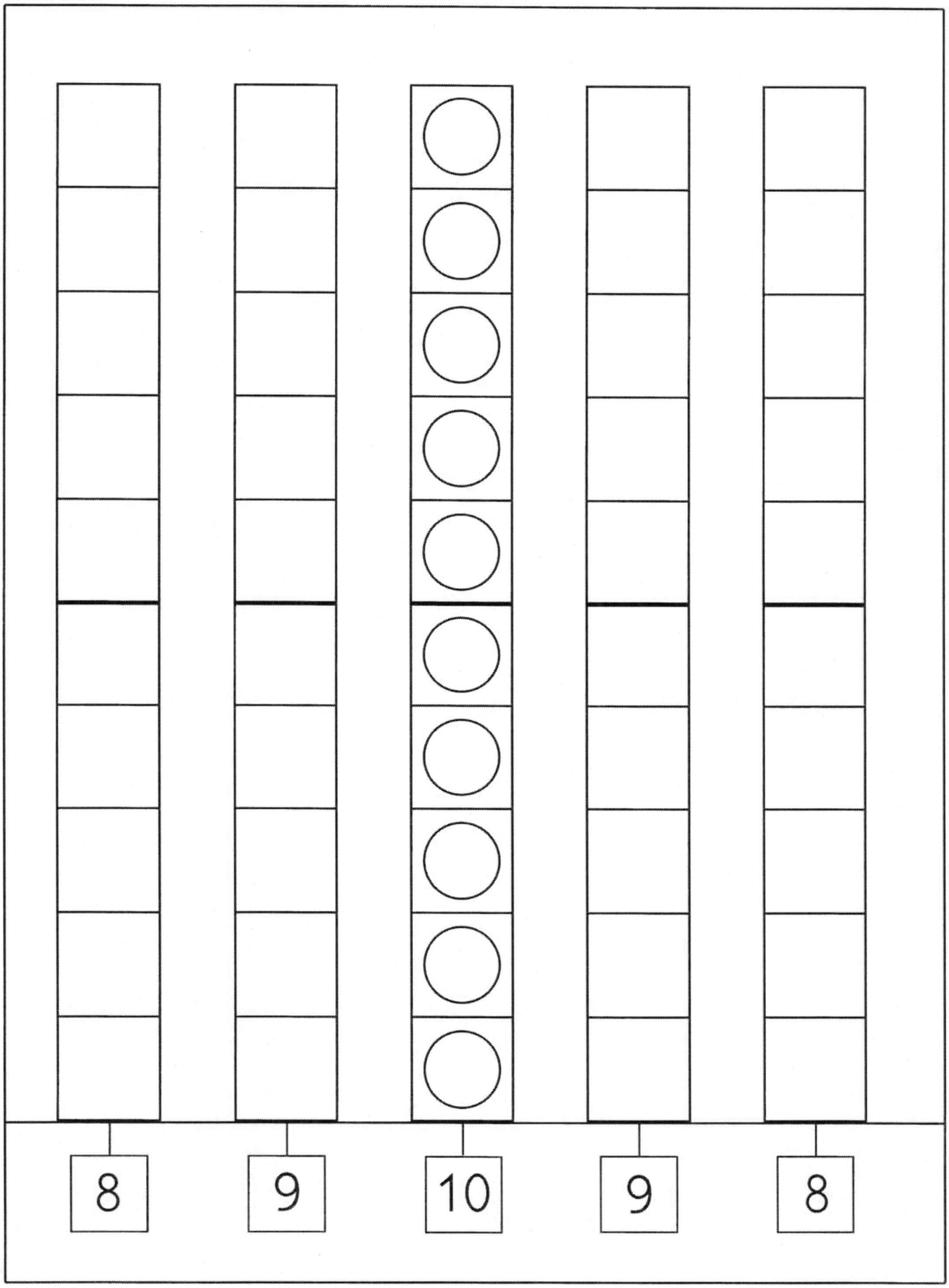


„Türme" malen und Plättchen zählen.

Bd. 117. Gerhard Goldau: Einfaches Rechnen 4 – Zahlenraum bis 12
© Persen Verlag GmbH, Buxtehude

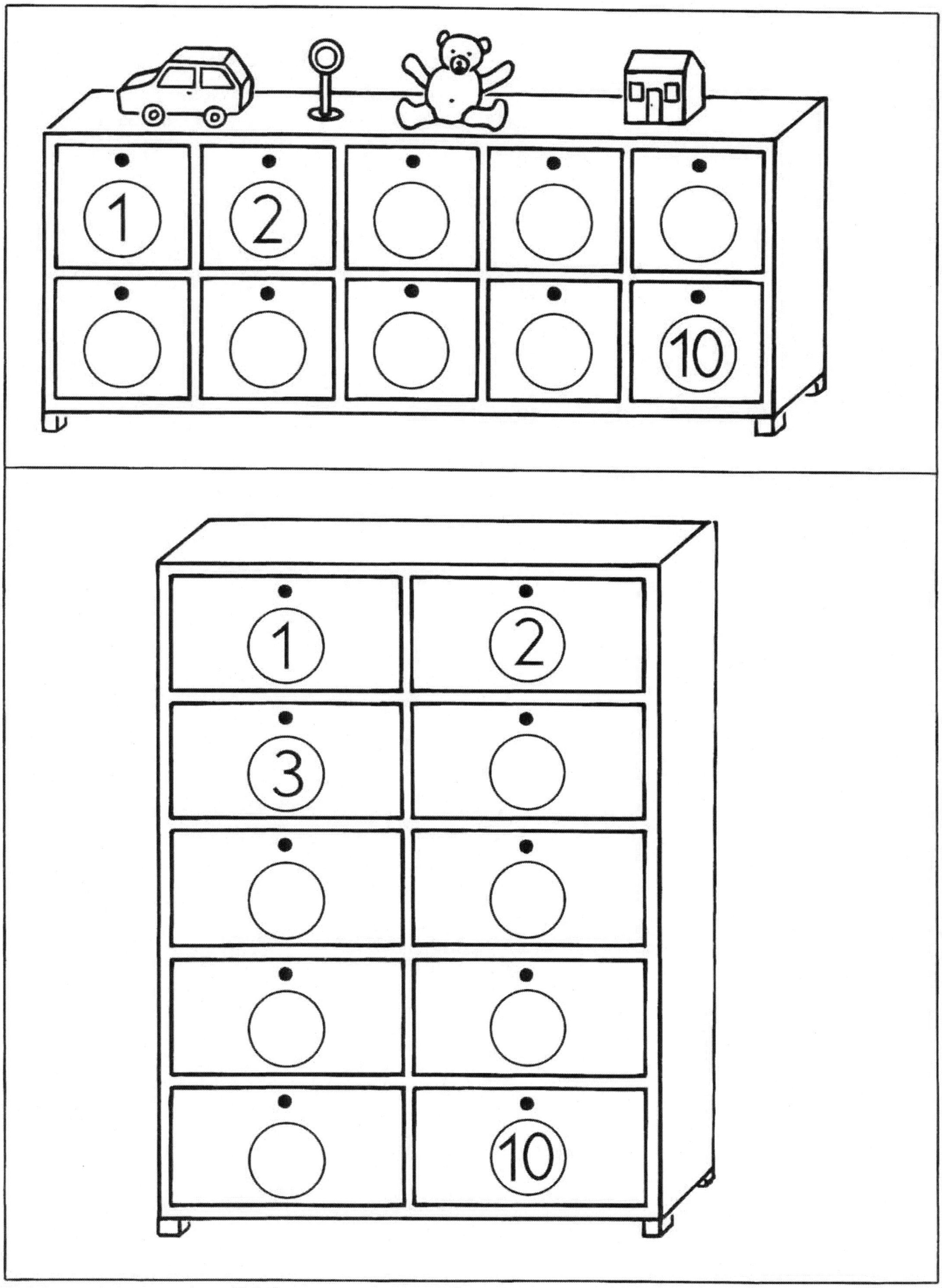


Kästen nummerieren und Zahlen lesen.

Bd. 117. Gerhard Goldau: Einfaches Rechnen 4 – Zahlenraum bis 12
© Persen Verlag GmbH, Buxtehude

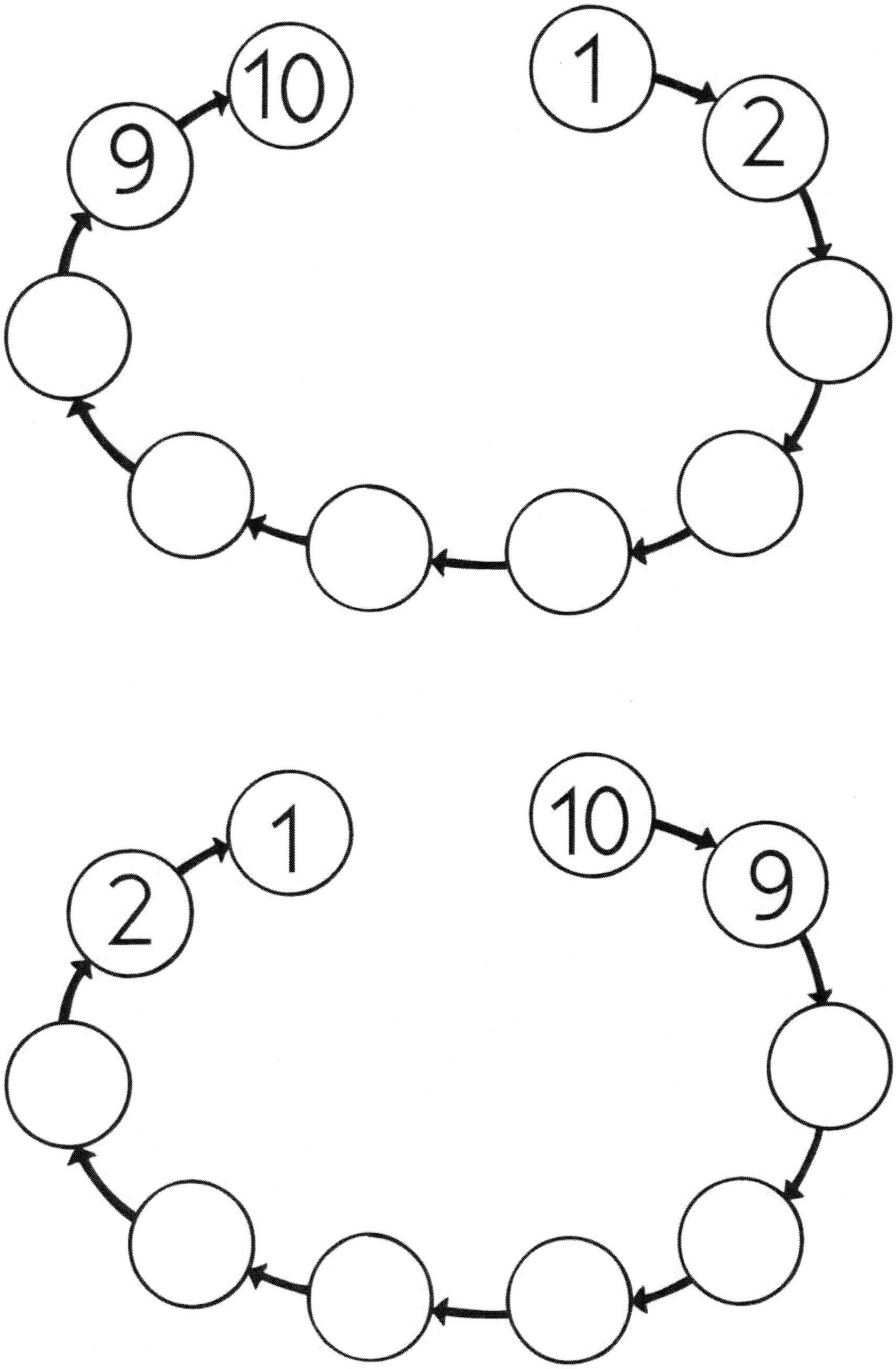


Zahlen schreiben, Zahlen lesen.

Bd. 117. Gerhard Goldau: Einfaches Rechnen 4 – Zahlenraum bis 12
© Persen Verlag GmbH, Buxtehude

Zahlen lesen und Striche ziehen.

Bd. 117. Gerhard Goldau: Einfaches Rechnen 4 – Zahlenraum bis 12
© Persen Verlag GmbH, Buxtehude

Bd. 117. Gerhard Goldau: Einfaches Rechnen 4 – Zahlenraum bis 12
© Persen Verlag GmbH, Buxtehude

Zählen, zuordnen und Striche ziehen.

Lege 1 dazu (male).

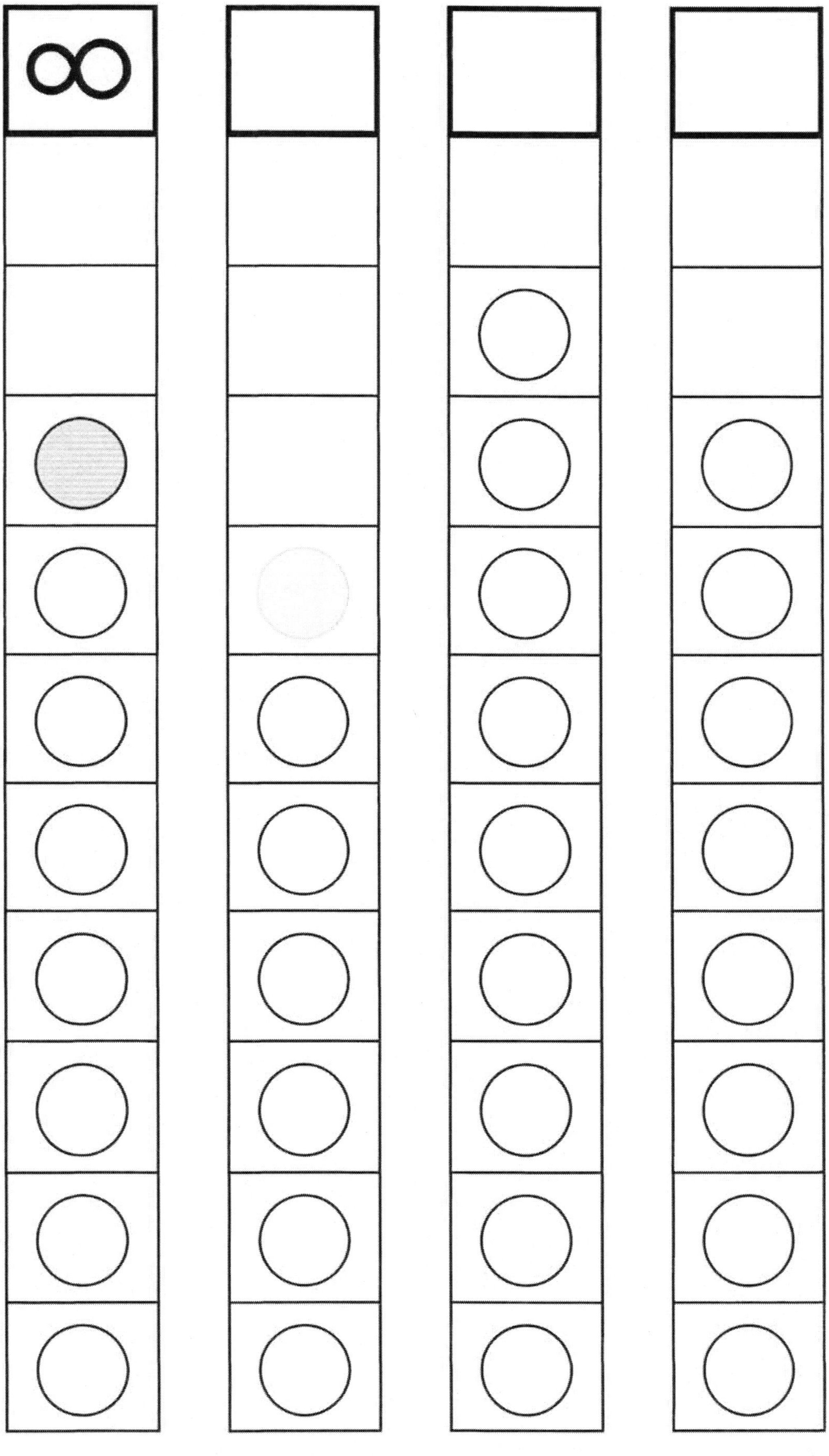


Malen, zählen und Zahlen schreiben.

Bd. 117. Gerhard Goldau: Einfaches Rechnen 4 – Zahlenraum bis 12
© Persen Verlag GmbH, Buxtehude

Nimm 1 weg (streiche durch).

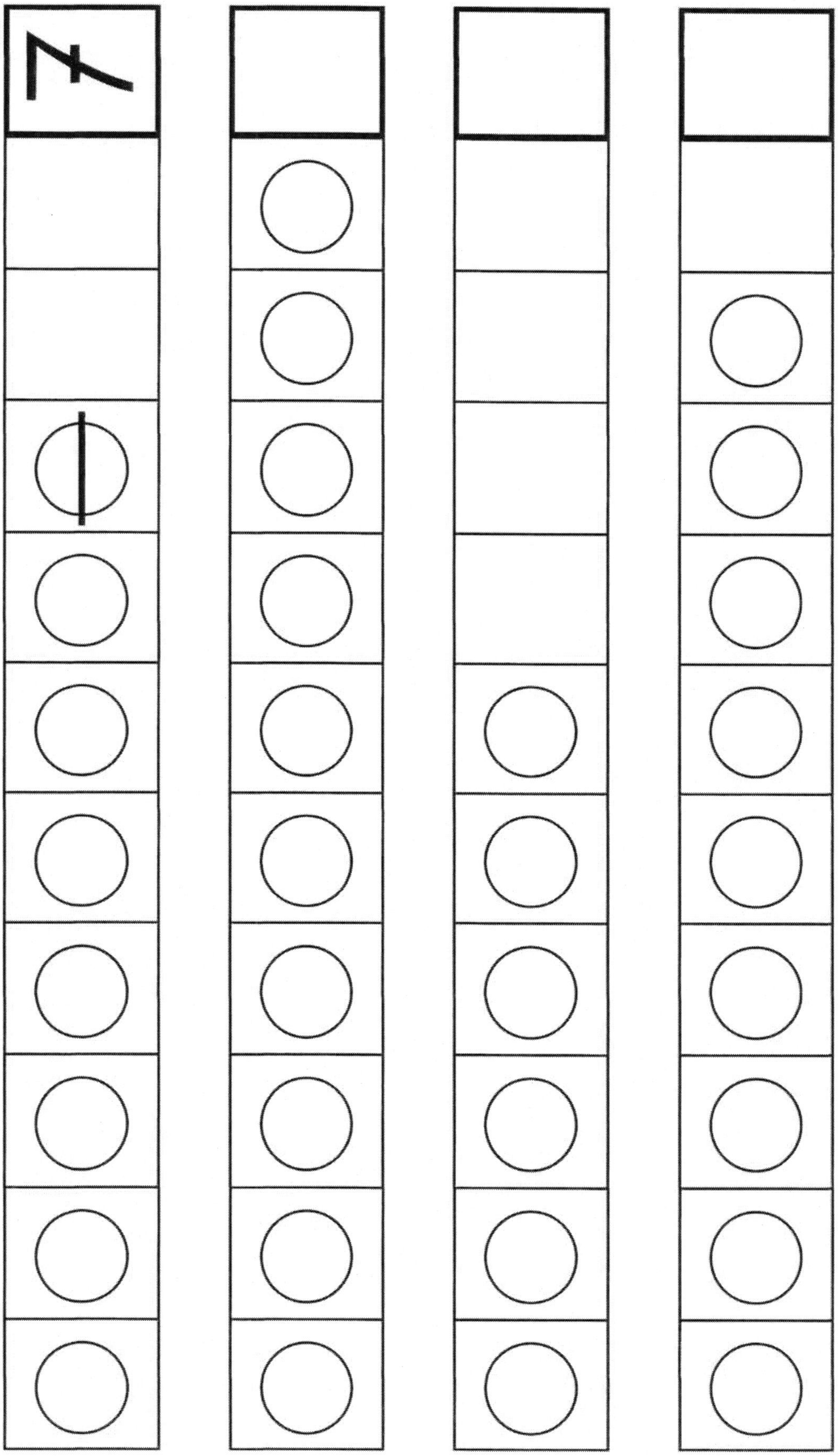


Durchstreichen, zählen und Zahlen schreiben.

Bd. 117. Gerhard Goldau: Einfaches Rechnen 4 – Zahlenraum bis 12
© Persen Verlag GmbH, Buxtehude

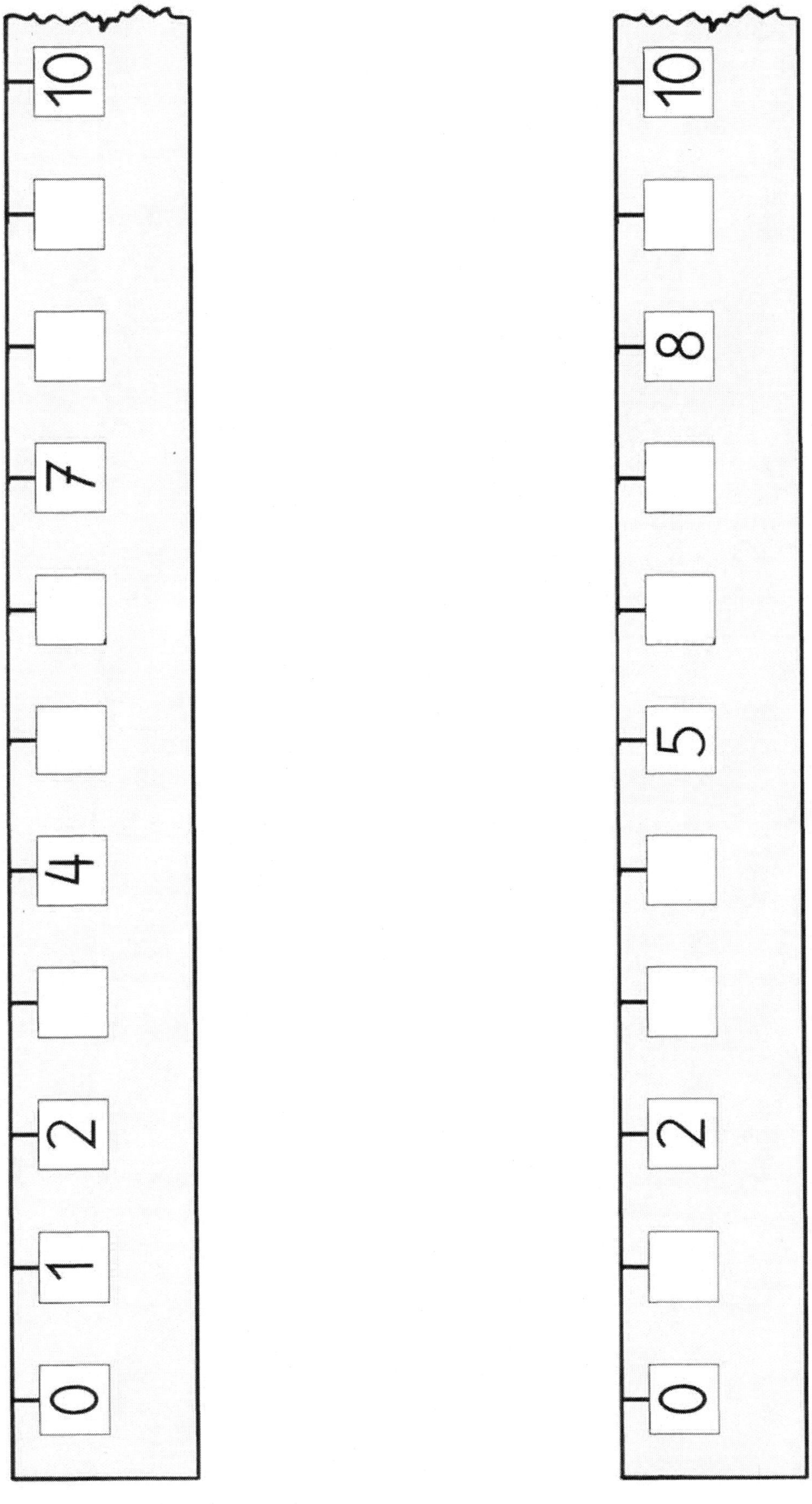


Reihe ergänzen und Zahlen eintragen.

Bd. 117. Gerhard Goldau: Einfaches Rechnen 4 – Zahlenraum bis 12
© Persen Verlag GmbH, Buxtehude

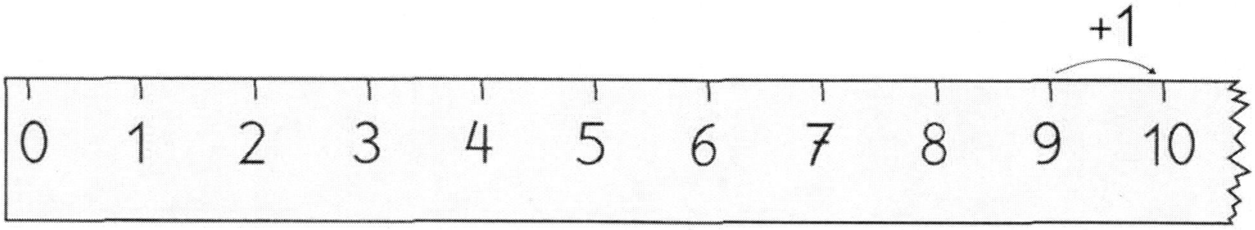


9 + 1 = ☐☐

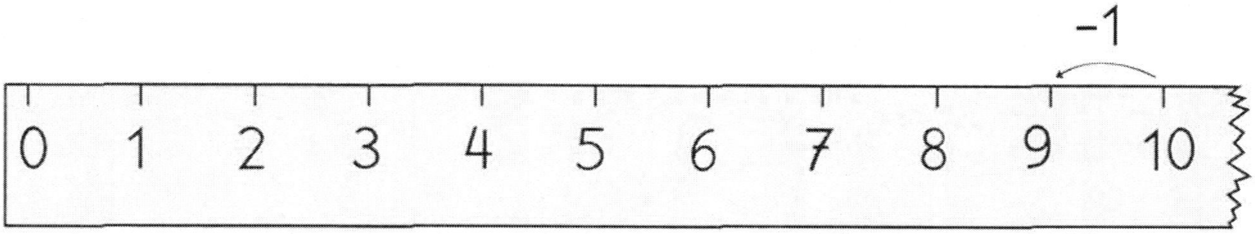


10 − 1 = ☐☐

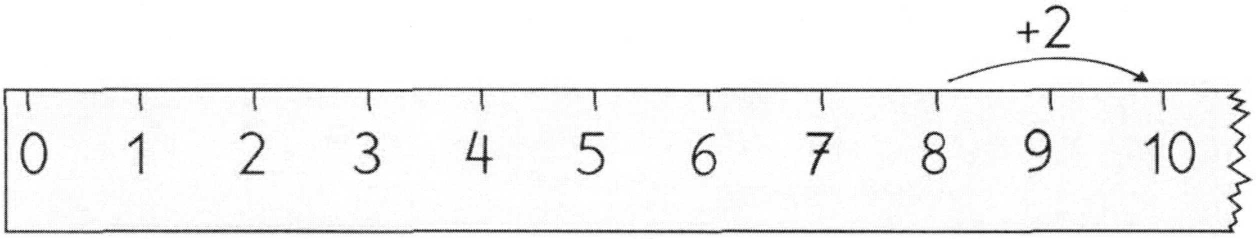


8 + 2 = ☐☐

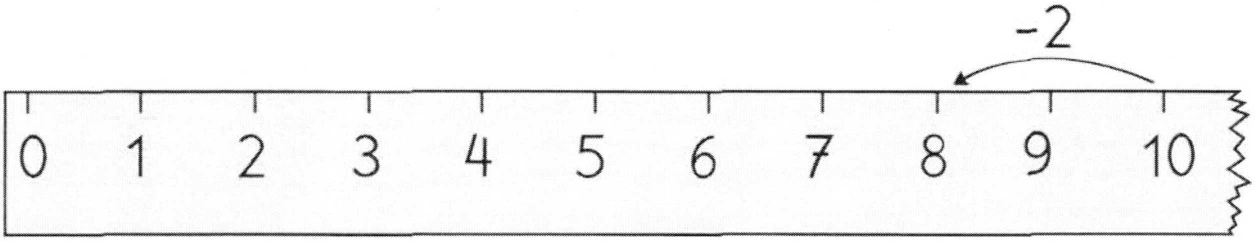


10 − 2 = ☐☐

Aufgaben lösen und Zahlen eintragen.

Bd. 117. Gerhard Goldau: Einfaches Rechnen 4 – Zahlenraum bis 12
© Persen Verlag GmbH, Buxtehude

0 1 2 3 4 5 6 7 8 9 10

| | | | | | | |
|---|---|---|---|---|---|---|
| | 9 | + | 1 | = | | |
| | 7 | + | 1 | = | | |
| | 6 | + | 1 | = | | |
| | 8 | + | 1 | = | | |

| | | | | | | |
|---|---|---|---|---|---|---|
| 1 | 0 | - | 1 | = | | |
| | 8 | - | 1 | = | | |
| | 7 | - | 1 | = | | |
| | 9 | - | 1 | = | | |

| | | | | | | |
|---|---|---|---|---|---|---|
| | 8 | + | 2 | = | | |
| | 6 | + | 2 | = | | |
| | 7 | + | 2 | = | | |
| | 5 | + | 2 | = | | |

| | | | | | | |
|---|---|---|---|---|---|---|
| 1 | 0 | - | 2 | = | | |
| | 8 | - | 2 | = | | |
| | 9 | - | 2 | = | | |
| | 7 | - | 2 | = | | |

| | | | | | | |
|---|---|---|---|---|---|---|
| | 8 | + | 1 | = | | |
| | 7 | - | 1 | = | | |
| | 5 | + | 2 | = | | |
| | 9 | - | 1 | = | | |

| | | | | | | |
|---|---|---|---|---|---|---|
| | 6 | + | 2 | = | | |
| | 9 | - | 2 | = | | |
| | 6 | + | 1 | = | | |
| 1 | 0 | - | 2 | = | | |

Bd. 117. Gerhard Goldau: Einfaches Rechnen 4 – Zahlenraum bis 12
© Persen Verlag GmbH, Buxtehude

Aufgaben lösen.

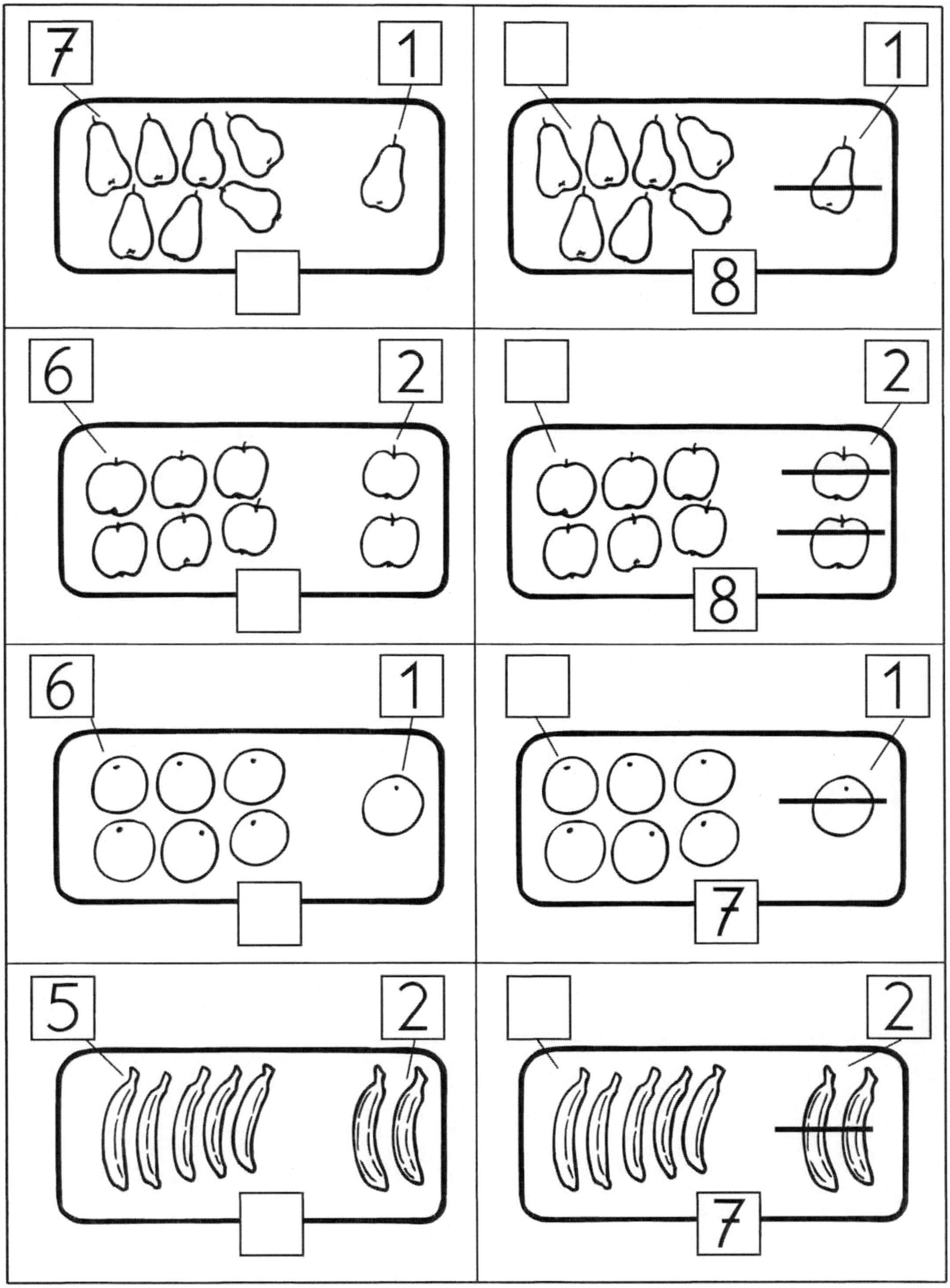


Zahlen eintragen.

Bd. 117. Gerhard Goldau: Einfaches Rechnen 4 – Zahlenraum bis 12
© Persen Verlag GmbH, Buxtehude
Persen

| | | | | | | |
|---|---|---|---|---|---|---|
| | 7 | + | 1 | = | | |
| | 5 | + | 1 | = | | |
| | 6 | + | 1 | = | | |
| | 8 | + | 1 | = | | |

| | | | | | | |
|---|---|---|---|---|---|---|
| | 9 | - | 1 | = | | |
| 1 | 0 | - | 1 | = | | |
| | 6 | - | 1 | = | | |
| | 8 | - | 1 | = | | |

| | | | | | | |
|---|---|---|---|---|---|---|
| | 6 | + | 2 | = | | |
| | 8 | + | 2 | = | | |
| | 7 | + | 2 | = | | |
| | 5 | + | 2 | = | | |

| | | | | | | |
|---|---|---|---|---|---|---|
| | 8 | - | 2 | = | | |
| 1 | 0 | - | 2 | = | | |
| | 6 | - | 2 | = | | |
| | 9 | - | 2 | = | | |

| | | | | | | |
|---|---|---|---|---|---|---|
| 1 | 0 | - | 1 | = | | |
| | 7 | + | 2 | = | | |
| | 9 | - | 2 | = | | |
| | 6 | + | 2 | = | | |

| | | | | | | |
|---|---|---|---|---|---|---|
| | 6 | - | 2 | = | | |
| | 8 | + | 2 | = | | |
| | 7 | - | 2 | = | | |
| 1 | 0 | - | 2 | = | | |

| | | | | | | |
|---|---|---|---|---|---|---|
| | | | | | | |
| | | | | | | |
| | | | | | | |
| | | | | | | |

| | | | | | | |
|---|---|---|---|---|---|---|
| | | | | | | |
| | | | | | | |
| | | | | | | |
| | | | | | | |

Bd. 117. Gerhard Goldau: Einfaches Rechnen 4 – Zahlenraum bis 12
© Persen Verlag GmbH, Buxtehude

Aufgaben lösen, Aufgaben selbst bilden.

Bd. 117. Gerhard Goldau: Einfaches Rechnen 4 – Zahlenraum bis 12
© Persen Verlag GmbH, Buxtehude

Bild beschreiben und anmalen.

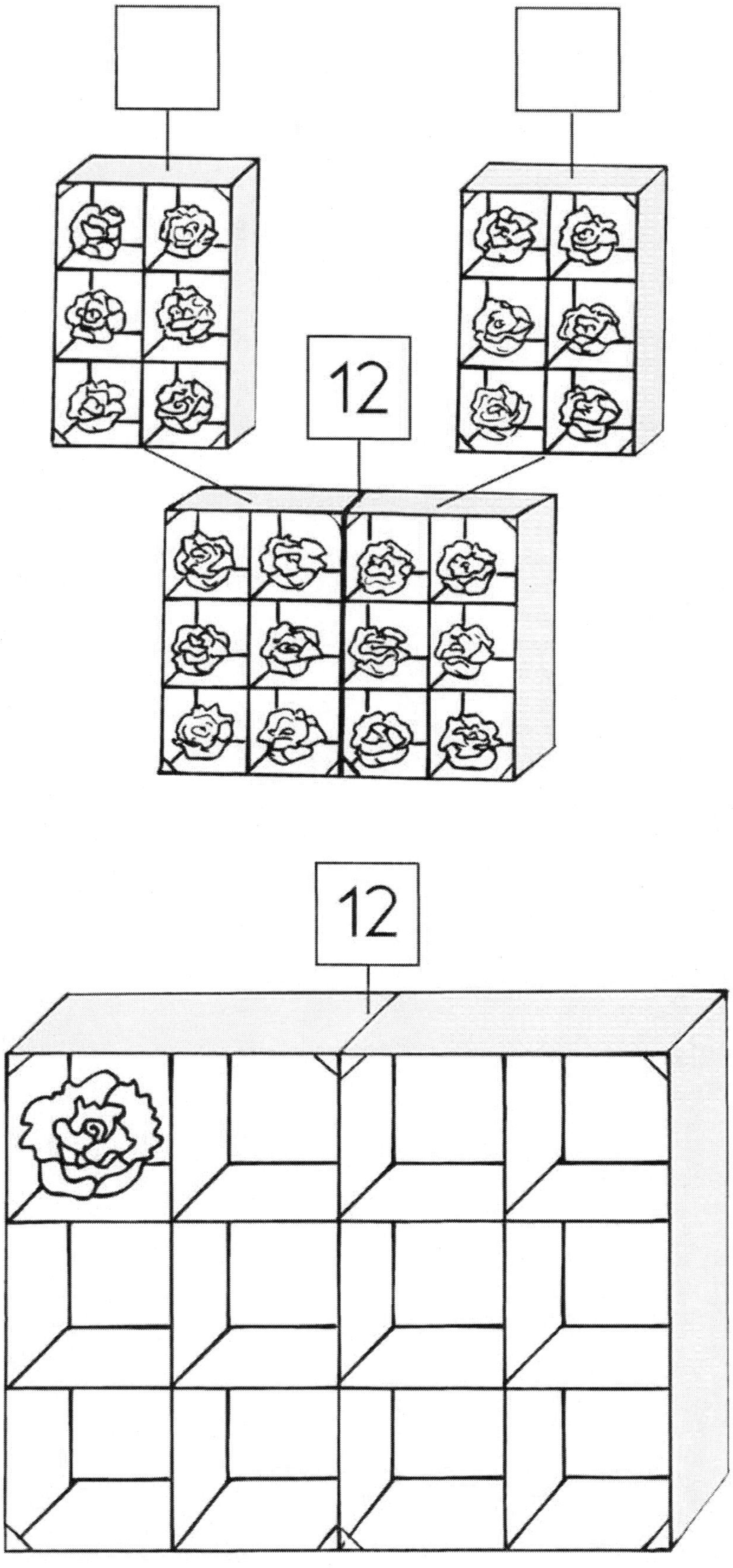


Bd. 117. Gerhard Goldau: Einfaches Rechnen 4 – Zahlenraum bis 12
© Persen Verlag GmbH, Buxtehude

Zählen und malen.

Nachzeichnen.

Bd. 117. Gerhard Goldau: Einfaches Rechnen 4 – Zahlenraum bis 12
© Persen Verlag GmbH, Buxtehude

| | | | | |
|---|---|---|---|---|
| 1 | 2 | | 1 | 2 |
| 1 | 2 | | | |

| | | | | | |
|---|---|---|---|---|---|
| 1 | 2 | | 1 | 2 | |
| 1 | 2 | | | | |
| | | | | | |

| | | | | | | | | | | | | |
|---|---|---|---|---|---|---|---|---|---|---|---|---|
| 1 | 2 | | 1 | 2 | | 1 | 2 | | | | | |
| 1 | 2 | | | | | | | | | | | |
| 8 | 8 | 8 | | | | | | | | | | |
| 8 | 8 | | | | | | | | | | | |
| 1 | 0 | | 1 | 0 | | | | | | | | |
| 1 | 0 | | | | | | | | | | | |

Bd. 117. Gerhard Goldau: Einfaches Rechnen 4 – Zahlenraum bis 12
© Persen Verlag GmbH, Buxtehude
Persen

Zahlen schreiben.

# 12 Blumen

Anmalen.

Bd. 117. Gerhard Goldau: Einfaches Rechnen 4 – Zahlenraum bis 12
© Persen Verlag GmbH, Buxtehude

# 11 Flaschen und 11 Dosen

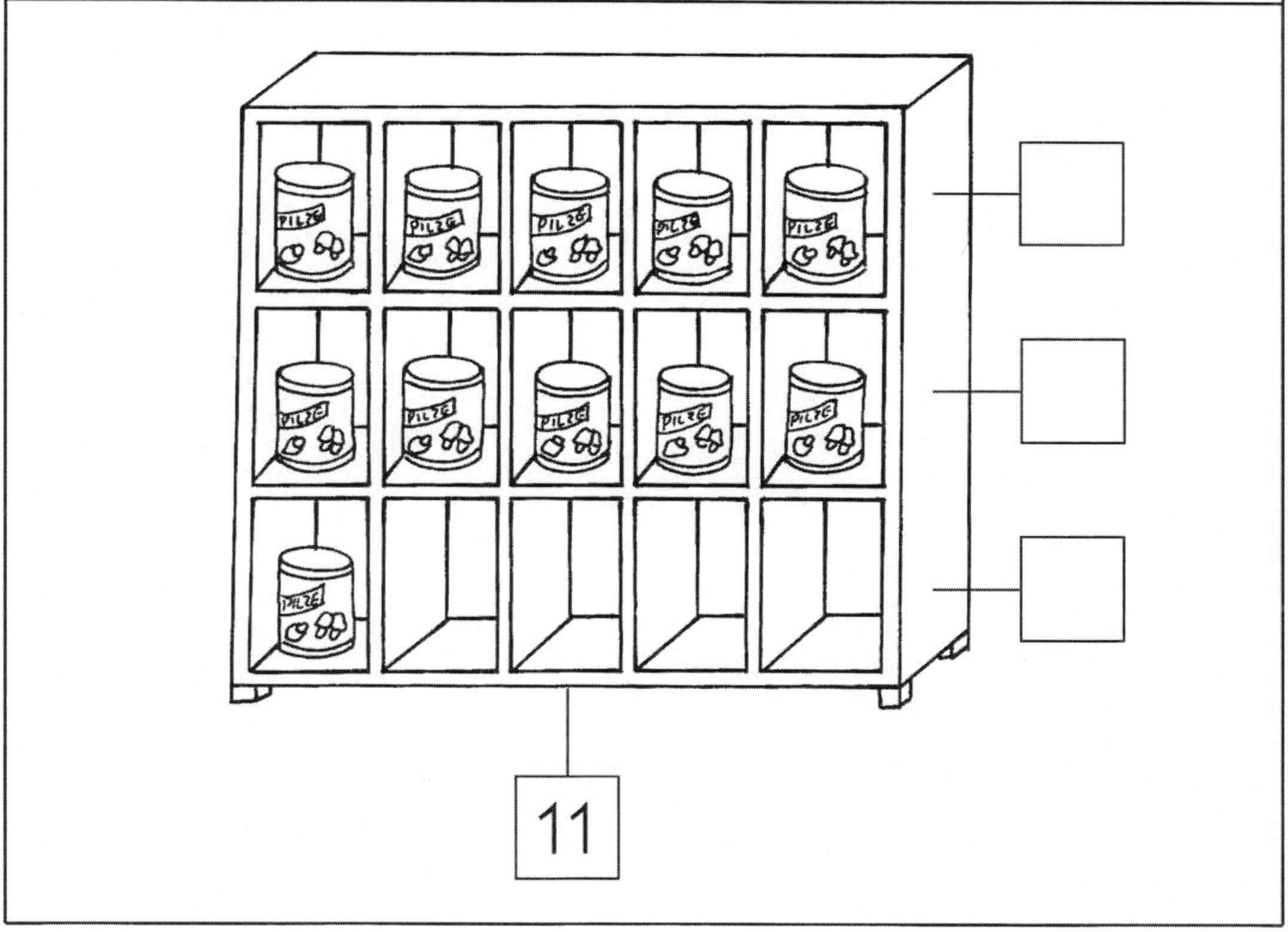


Bild beschreiben, zählen und Zahlen eintragen.

Bd. 117. Gerhard Goldau: Einfaches Rechnen 4 – Zahlenraum bis 12
© Persen Verlag GmbH, Buxtehude

Nachzeichnen.

Bd. 117. Gerhard Goldau: Einfaches Rechnen 4 – Zahlenraum bis 12
© Persen Verlag GmbH, Buxtehude

| | | | | | | | | | | | | |
|---|---|---|---|---|---|---|---|---|---|---|---|---|
| 1 | 1 | | 1 | 1 | | 1 | 1 | | | | | |
| 1 | 1 | | | | | | | | | | | |
| 9 | 9 | 9 | 9 | | | | | | | | | |
| 9 | 9 | 9 | | | | | | | | | | |
| 1 | 2 | | 1 | 2 | | | | | | | | |
| 1 | 2 | | | | | | | | | | | |

Zahlen schreiben.

Bd. 117. Gerhard Goldau: Einfaches Rechnen 4 – Zahlenraum bis 12
© Persen Verlag GmbH, Buxtehude

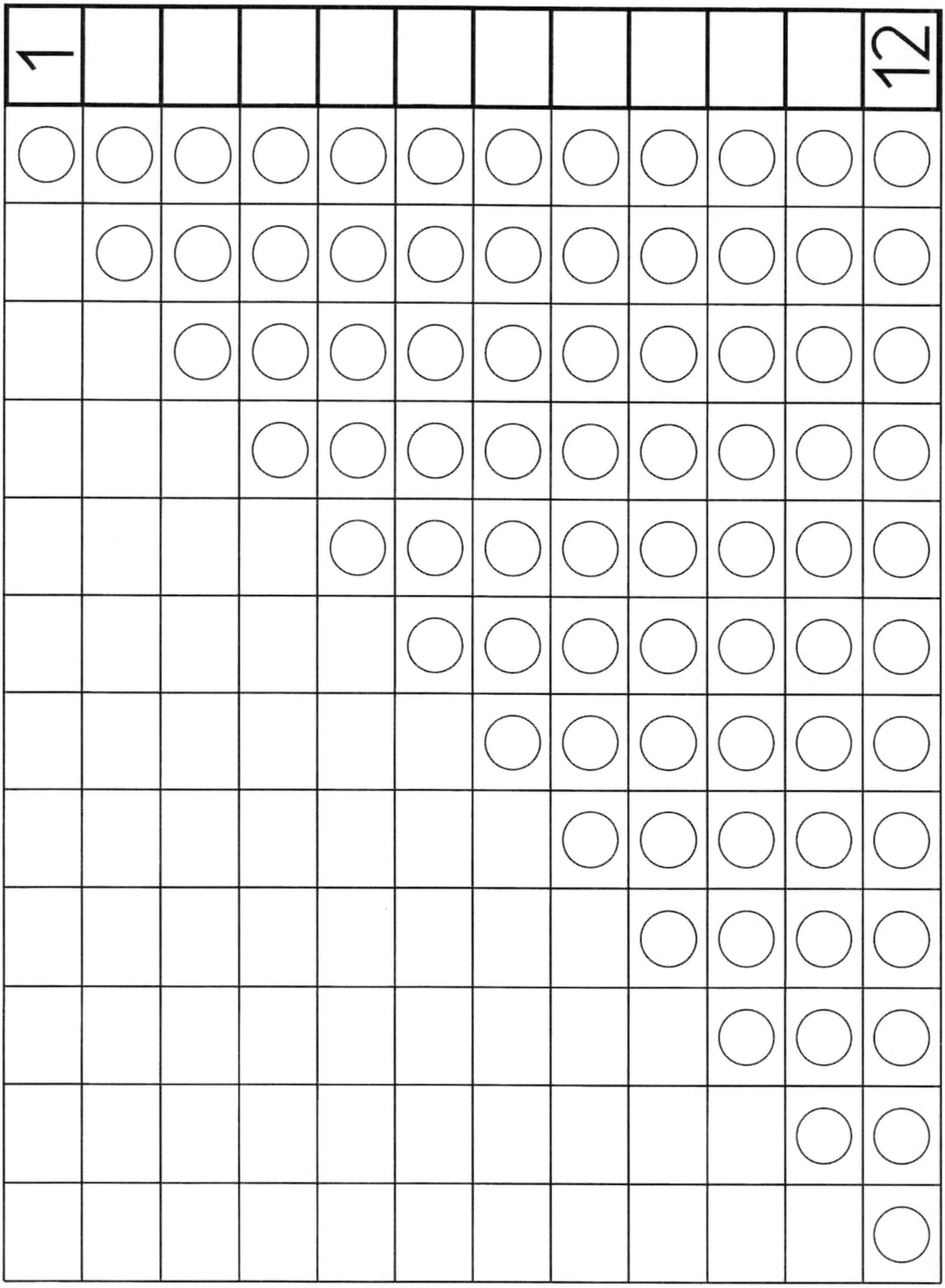


Zählen, Zahlen schreiben und anmalen.

Bd. 117. Gerhard Goldau: Einfaches Rechnen 4 – Zahlenraum bis 12
© Persen Verlag GmbH, Buxtehude

Zählen und Zahlen schreiben.

Bd. 117. Gerhard Goldau: Einfaches Rechnen 4 – Zahlenraum bis 12
© Persen Verlag GmbH, Buxtehude

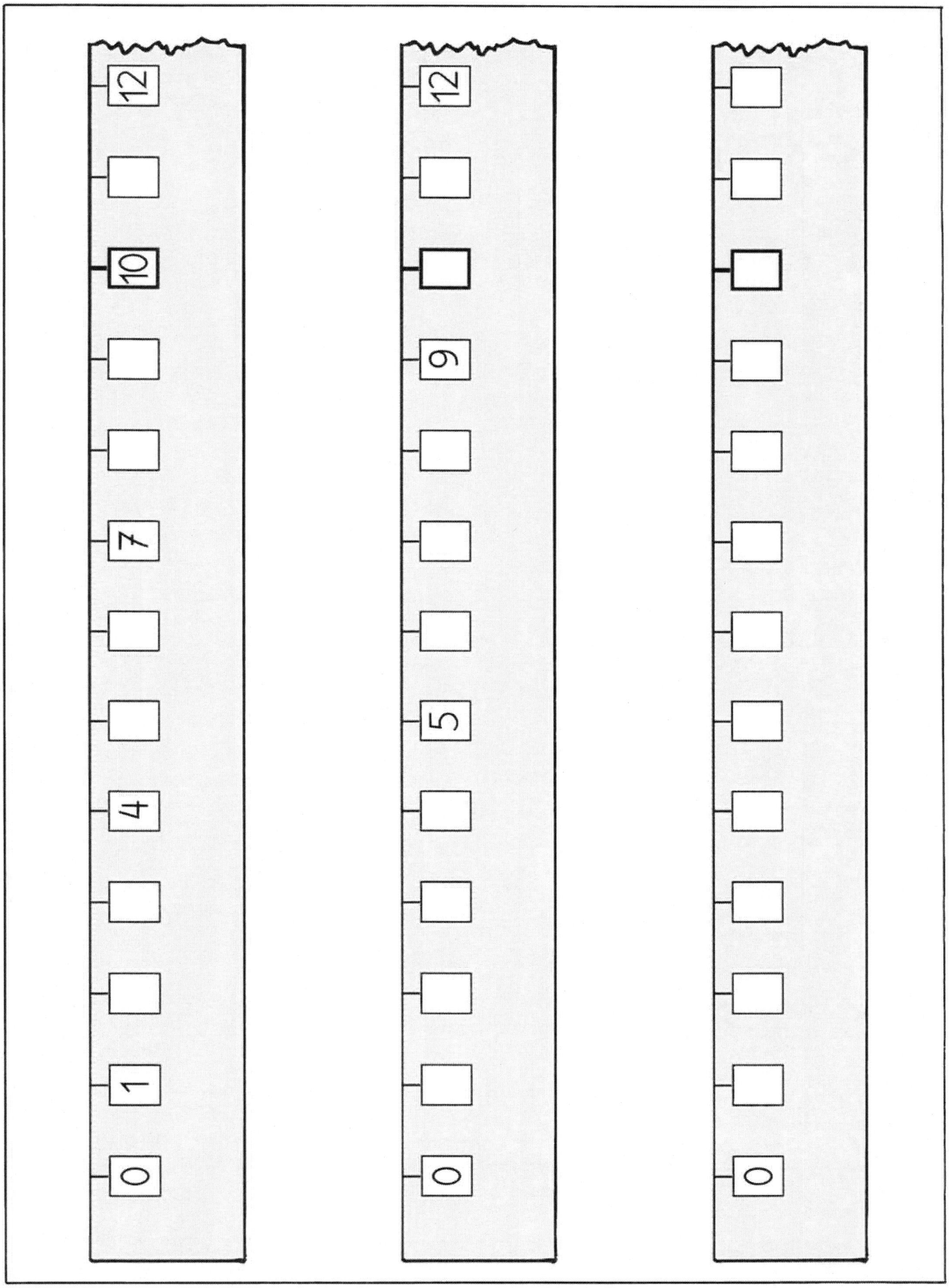


Zahlen ergänzen.

Bd. 117. Gerhard Goldau: Einfaches Rechnen 4 – Zahlenraum bis 12
© Persen Verlag GmbH, Buxtehude

| 0 | 1 | 2 | 3 | 4 | 5 | 6 | 7 | 8 | 9 | 10 |
|---|---|---|---|---|---|---|---|---|---|---|

| | | | | | | |
|---|---|---|---|---|---|---|
| 1 | 0 | + | 1 | = | 1 | 1 |
| 1 | 1 | + | 1 | = | | |
| | 8 | + | 1 | = | | |
| | 9 | + | 1 | = | | |

| | | | | | | |
|---|---|---|---|---|---|---|
| 1 | 1 | – | 1 | = | | |
| 1 | 2 | – | 1 | = | | |
| 1 | 0 | – | 1 | = | | |
| | 8 | – | 1 | = | | |

| | | | | | | |
|---|---|---|---|---|---|---|
| 1 | 0 | + | 2 | = | | |
| | 8 | + | 2 | = | | |
| | 5 | + | 2 | = | | |
| | 7 | + | 2 | = | | |

| | | | | | | |
|---|---|---|---|---|---|---|
| 1 | 2 | – | 2 | = | | |
| 1 | 0 | – | 2 | = | | |
| | 9 | – | 2 | = | | |
| 1 | 1 | – | 2 | = | | |

| | | | | | | |
|---|---|---|---|---|---|---|
| | 6 | + | 3 | = | | |
| 1 | 0 | – | 3 | = | | |
| | 7 | + | 3 | = | | |
| 1 | 2 | – | 3 | = | | |

| | | | | | | |
|---|---|---|---|---|---|---|
| | 6 | + | 2 | = | | |
| | 8 | – | 3 | = | | |
| 1 | 0 | + | 2 | = | | |
| 1 | 0 | – | 1 | = | | |

Bd. 117. Gerhard Goldau: Einfaches Rechnen 4 – Zahlenraum bis 12
© Persen Verlag GmbH, Buxtehude

Aufgaben lösen.

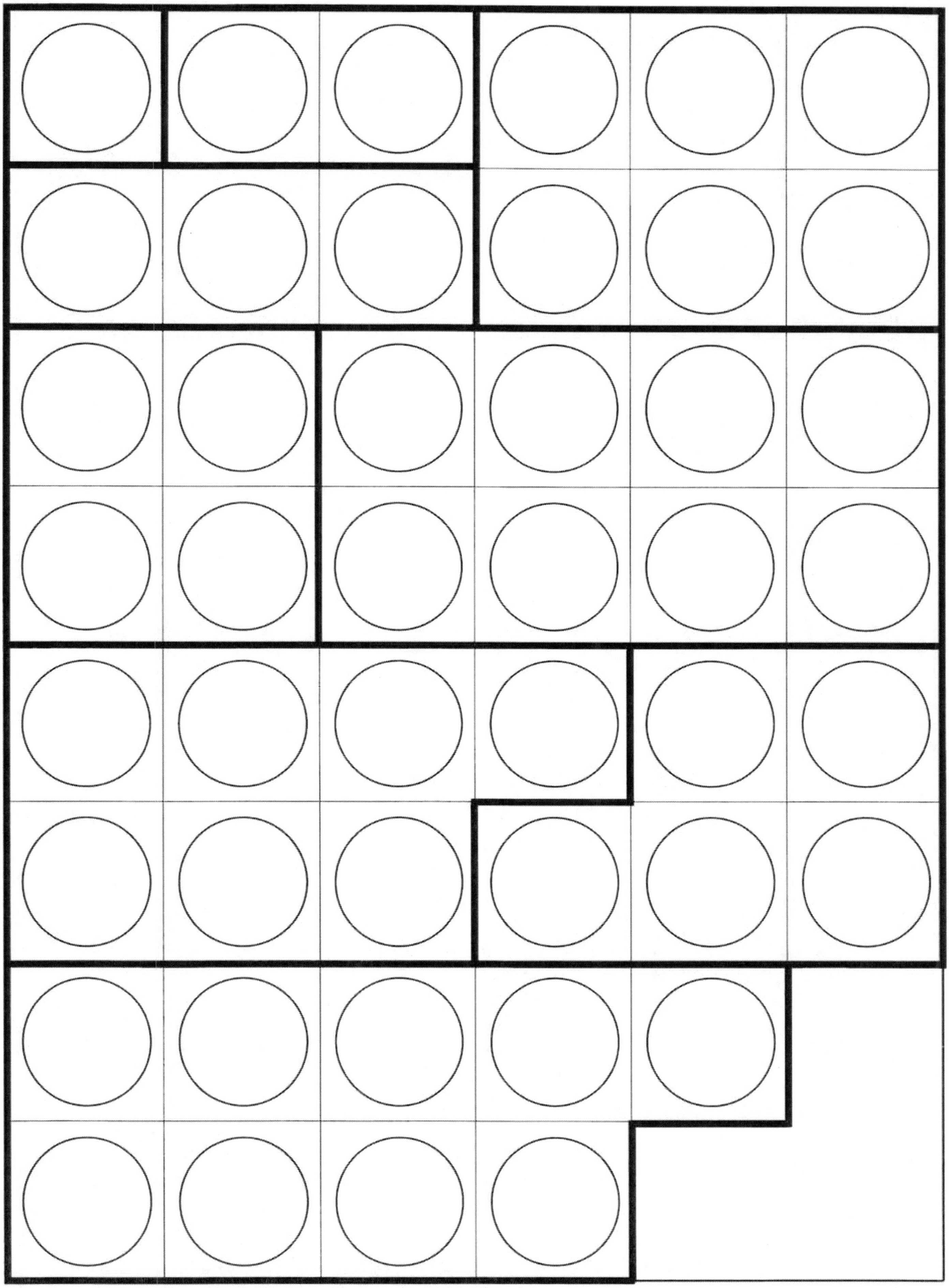

Bd. 117. Gerhard Goldau: Einfaches Rechnen 4 – Zahlenraum bis 12
© Persen Verlag GmbH, Buxtehude

| | | | | | |
|---|---|---|---|---|---|
| | | | | | |
| | | | | | |
| | | | | | |
| | | | | | |
| | | | | | |
| | | | | | |
| | | | | | |
| | | | | | |

Bd. 117. Gerhard Goldau: Einfaches Rechnen 4 – Zahlenraum bis 12
© Persen Verlag GmbH, Buxtehude

Bd. 117. Gerhard Goldau: Einfaches Rechnen 4 – Zahlenraum bis 12
© Persen Verlag GmbH, Buxtehude